INHALT

MÖBEL UND OBJEKTE

ZU DIESEM BUCH HABEN BEIGETRAGEN

WEITERE DESIGNER BIOGRAFIEN

ANHANG

EINFÜHRUNG

„Obwohl der menschliche Geist die mannigfaltigsten Erfindungen hervorbringt [...] wird er niemals schönere, einfachere und unmittelbarere entdecken, als die der Natur, die in sich vollkommen ist."

Leonardo da Vinci

Die Natur dient seit jeher als Quelle der Inspiration. Maler, Designer, Poeten, Musiker und Architekten finden in der Natur einen Weg, ihre Kunst auszudrücken. Die Natur ist um uns und in uns; sie ist allgegenwärtig. Von den Formen bis zu den Materialien beeinflusst sie unser aller Kreativität. Sich eine Flugzeugtragfläche durch die Nachbildung eines Vogelflügels ausdenken, einen Stuhl herstellen, der der Form einer Blume nachempfunden ist, ein Möbel entwerfen, das aus einem Baumstamm gehauen wird ... Vom größten bis zum kleinsten Objekt, hat die Natur schon immer und wird sie auch weiterhin Künstler und Designer inspirieren.

Das ist die Grundlage für die Philosophie und den kreativen Ansatz dieses Buchs: Die Verwendung von Materialien aus der Natur zur Fertigung von Möbeln und Alltagsgegenständen. Holz, Schiefer, Wolle, Bambus, Hanf, Baumwolle ... Die Designer und Kreativen, die an diesem Buch mitgewirkt haben, stellen ihre Ideen vor. Mit diesen Anleitungen können Sie Ihr Heim mit authentischen Materialien dekorieren, von der Pflanze bis zum Mineral.

Nutzen Sie einen Spaziergang im Wald oder einen Streifzug am Strand, um Ihrer Vorstellungskraft freien Lauf zu lassen. Hohlen Sie sich mit 20 praktischen, hübschen und zeitlosen Designs die Natur ins Haus. Von der Hängelampe aus Kork bis zur Konsole aus Schiefer, vom Pouf aus Wolle zum Garderobenständer aus Birke - entdecken Sie einfache Ideen, aus unbearbeiteten Materialien gefertigt und in zarten Farben gestaltet.

Schaffen Sie Räume in Harmonie mit der Natur. Erzählen Sie einzigartige und natürlich schöne Geschichten ...

TIPPS FÜR DEN LESER

Handwerkliches

Für jedes Design ist das benötigte Baumaterial genau angegeben. Ihr Werkzeugkasten sollte mit dem Werkzeug, das immer wieder benötigt wird, ausgerüstet sein. Hier die Liste für Ihre Werkzeuggrundausstattung:

- Metermaß
- Guter Holzbleistift
- Lineal und Anschlagwinkel
- Handschuhe, Schutzbrille und Maske
- Kreuz- und Schlitzschraubendreher
- Hammer, verschiedene Größen
- Unterschiedliche Zangen
- Pinsel: Rundpinsel, Sprossenpinsel, Flachpinsel, Mini-Rolle ...

Informationen bezüglich des Befestigungsmaterials (Nägel, Schrauben, Muttern usw.) sind jeweils angegeben. Passen Sie das Befestigungsmaterial den jeweiligen Gegebenheiten an: Stärke der Holzbretter, Beschaffenheit der Wände (Holz, Stein, Gips ...).

Achtung: Alle Elektroinstallationen erfordern besondere Vorsicht. Informieren Sie sich, zu Ihrer eigenen Sicherheit, bereits beim Einkauf über die Eigenschaften der Produkte und lassen Sie sich von einem Verkäufer beraten.

Kreatives

Jedes vorgestellte Projekt kann als kreative Grundlage für Ihre eigenen Entwürfe dienen. Lassen Sie sich inspirieren und fertigen Sie Ihre ganz persönliche Variante der vorgestellten Objekte an.

Wir freuen uns, wenn Sie uns Fotos Ihrer, von diesem Buch inspirierten, Kreationen zusenden.
aureledrouet@free.fr

MATERIALKUNDE

Entdecken Sie die wichtigsten in diesem Buch verwendeten Materialien.

Hanf (1)

Hanf ist das widerstandsfähigste, pflanzliche Material der Natur. Er wird seit jeher bei der Stoff-, Schnur- oder sogar Papierherstellung eingesetzt. Hanf ist antibakteriell, verhütet Pilzbefall, ist weich und atmungsaktiv. Er läuft nicht ein, verformt sich nicht und ist licht- und temperaturecht. Dieses Material öffnet der Inneneinrichtung unzählige Möglichkeiten.

Holz (2)

Holz ist ein pflanzlicher Stoff (bestehend aus Fasern und Parenchyme, den Gefäßen, die den Pflanzensaft transportieren) aus dem der Stamm, die Äste und die Wurzeln eines Baumes bestehen. Weltweit nutzen wir 6 000 Arten von den insgesamt 60 000 bekannten, holzigen Pflanzen für den Haus- und Möbelbau. Jede Baumart verfügt über spezifische Eigenheiten, die ihren Verwendungszweck bestimmt: die besondere Dichte der Eiche, die Widerstandsfähigkeit der Kiefer, das geringe Gewicht der Pappel ... Holz, auch Synonym für Wärme und Authentizität, ist das bevorzugte Material für eine „natürliche" Inneneinrichtung.

Schiefer (3)

Gemeinhin zur Dachdeckung verwendet, hat Schiefer in Form von Fußböden, Arbeitsplatten und Dekorationsobjekten auch Einzug in unsere Wohnräume gefunden. Das natürliche Sedimentgestein ist in einer reichen, beständigen Farbpalette von Schwarz über Blau und von Rot bis Grün erhältlich. Schiefer verfügt über vielfältige Qualitäten: Er ist leicht zu verarbeiten und zu pflegen. Er ist widerstandsfähig und hat eine sehr glatte Oberfläche.

Bambus (4)

Bambus ist weder Baum noch Busch, sondern eine Gräserart! Mit seinen Rhizomen, Stängel und Ästen gehört dieses baumartige Schilfgras zur Familie der Gräser. Durch sein geringes Gewicht, seine Elastizität und Reißfestigkeit ist der Bambus ein beliebtes Material in der Architektur. Hausbau, Geschirr, Musikinstrumente, Parkett, Möbel – die ökologischen, physischen und mechanischen Qualitäten des Bambus werden in vielen Bereichen eingesetzt.

Wolle (5)

Wolle ist eine tierische Faser aus dem Vlies bestimmter Tiere. Der Begriff „Wolle" bezeichnet das Vlies des Schafs, da je nach Tierart andere Bezeichnungen verwendet werden. So nennt man das Vlies der Angora-Ziege „Mohair" und das Vlies der Kaschmirziege, wie der Name schon sagt, „Kaschmir". Die reine Schurwolle stammt von Schafen und ist keine Wiederverwertung von Wollfasern. Es handelt sich um ein festes, wärmendes und elastisches Material, das sowohl zum Befüllen von Matratzen als auch für Möbelstoffe verwendet werden kann.

Kork (6)

Kork wird aus der Rinde bestimmter Bäume gewonnen, genauer gesagt aus der Korkeiche. Durch die Dicke, die Wasserundurchlässigkeit und das geringe Gewicht wird Kork zu einem effektiven Isolationsmaterial. Über seine Qualitäten, die wir für Wände und Böden zu schätzen wissen, hinaus verfügt Kork über ästhetische und technische Eigenschaften. Erneuerbar, haltbar und recycelbar ist Kork ein Material der Zukunft!

1.

2.

3.

4.

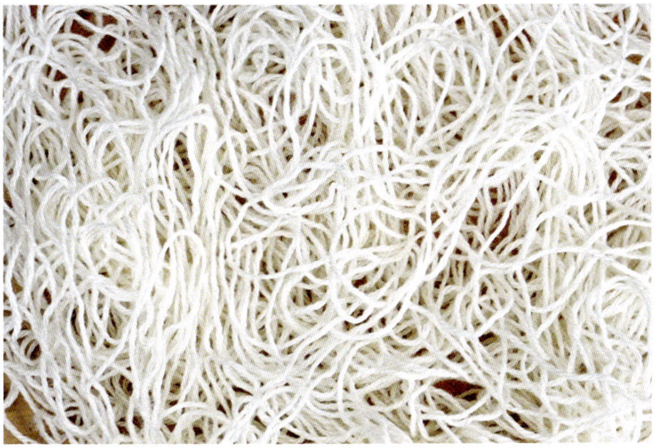

5.

6.

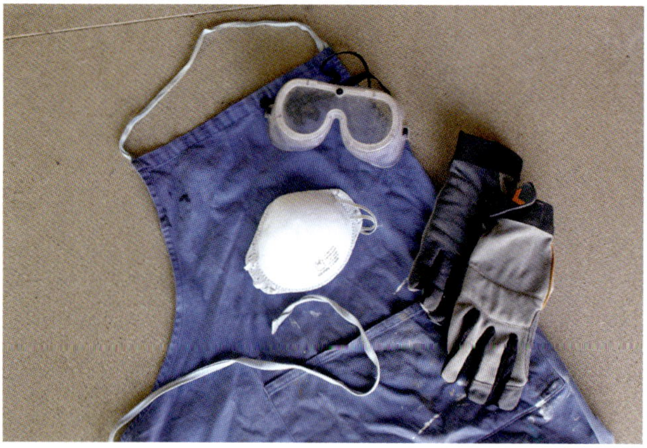

1.

2.

3.

4.

5.

6.

WERKZEUGKUNDE

Ausrüstung (1)

Die Verwendung von Handschuhen, Maske (auch zum Schleifen!) und einer Schutzbrille wird dringend empfohlen. Diese Schutzgrundausstattung ist beim Umgang mit Werkzeug oder chemischen Produkten unerlässlich. Wir empfehlen das Arbeiten mit umweltverträglichen Produkten, die somit auch Ihre Gesundheit nicht schädigen.

Stichsäge (2)

Um den optimalen Einsatz Ihres Werkzeugs zu garantieren, wählen Sie eine Stichsäge, die für verschiedene Holzstärken geeignet ist. Verwenden Sie ein Modell, bei dem Sie unterschiedliche Sägetiefen und -geschwindigkeiten einstellen können, mit einem bis 45° verstellbaren Sägeschuh für schräge Schnitte. Wählen Sie die Sägeblätter nach Art des zu sägenden Materials aus. Für exaktes und sicheres Arbeiten erfordert dieses Werkzeug den respektvollen Umgang und die Beachtung der Sicherheitsregeln.

Kappsäge (3)

Die Kappsäge ist das ideale Werkzeug, um problemlos und genau eine Vielzahl von Materialien (Holz, Kunststoff, Schiefer, Stahl …) zu sägen. Wir empfehlen die „tragbare" Version: Sie ist einfacher zu bedienen, preiswerter und bequemer. Sie können für die unterschiedlichen Materialien verschiedene Sägeblätter kaufen oder ein „Multi Purpose Sägeblatt" für alle Materialien verwenden.

Schwingschleifer (4)

Der Schwingschleifer verfügt über eine Platte, deren Schwingungsbewegung ein zügiges Finish auf ebenen Flächen ermöglicht. Er wird hauptsächlich für mittelgroße Flächen verwendet. Die Platte kann rechteckig, quadratisch oder dreieckig sein. Verwenden Sie schrittweise feineres Schleifpapier.

Exzenterschleifer (5)

Der Exzenterschleifer hat eine sich drehende, kreisförmige Platte, hiermit können Sie mit Schleifpapier mit grober Körnung bis hin zur feinen Körnung für ein schönes Finish der Oberfläche arbeiten. Sie können mit dem Exzenterschleifer alle Werkstücke mit Ausnahme der schwer zugänglichen Stellen schleifen, da er leicht und gut manövrierbar ist. Schützen Sie sich beim Schleifen mit Staubmaske, Handschuhen und Schutzbrille. Schleifen Sie immer in Richtung der Faser. Eine gut geschliffene Oberfläche fühlt sich glatt an.

Deltaschleifer (6)

Der Deltaschleifer eignet sich besonders für Feinarbeiten. Aufgrund der Größe und der Form des Schleifschuhs ist es ein sehr komfortables Werkzeug zum Schleifen von kleinen, schwer zugänglichen Flächen. Durch sein geringes Gewicht und die Handlichkeit ist es sehr leicht mit dem Deltaschleifer zu arbeiten.

WERKZEUGKUNDE (FORTSETZUNG)

Abisolierzange (7)

Bei Elektroarbeiten muss meist ein Stück der Isolierung des Kabels entfernt werden. Verwenden Sie hierfür eine Abisolierzange. Damit entfernen Sie problemlos den Kunststoff vom Draht. An dem Werkzeug befindet sich eine Schraube mit der Sie den Abstand der Schneideflächen an den Durchmesser des Drahts anpassen und so die Isolierung entfernen können, ohne den Draht zu beschädigen.

Dosenbohrer (8)

Der Dosenbohrer ist für das Aussägen von runden Löchern unverzichtbar. Die Ausführung sollte dem zu sägenden Loch und dem verwendeten Material entsprechen (Holz, Gipskarton, Beton ...). Spannen Sie den Dosenbohrer in die Bohrmaschine ein. Setzen Sie den Zentrierbohrer in die Mitte des zu bohrenenden Lochs. Arbeiten Sie mit mäßiger Geschwindigkeit. Halten Sie dabei die Bohrmaschine senkrecht, um ein sauberes und regelmäßiges Sägeloch zu erhalten. Schleifen Sie die Ränder des Lochs.

Elektrische Heißklebepistole (9)

Mit der Heißklebepistole können Sie die meisten Materialien kleben: Holz, Karton, Textilien, Aluminium ... Mit ihr werden die Klebestifte erwärmt und geschmolzen. Sie ist leicht zu handhaben und vielseitig verwendbar. Sie können den Kleber mit einem Durchmesser, der dem der Düse entspricht, als Strang aufbringen. Da die Aushärtungszeit sehr kurz ist, drücken Sie die beiden zu klebenden Teile zügig zusammen, da der Kleber beim Abkühlen direkt anzieht. Achtung: Berühren Sie niemals den Kleberstrang, der aus der Pistole kommt und reinigen Sie die Düse erst nach dem Abkühlen des Geräts, um Verbrennungen zu vermeiden.

Multifunktionswerkzeug (10)

Ein Multifunktionswerkzeug ist ein unverzichtbares Werkzug zum Bohren, Fräsen, Schleifen, Schneiden oder Gravieren an kleinen Bauteilen. Dieses handliche, ergonomische Werkzeug ist auf dem Gebiet des Modellbaus beliebt. Es ist einfach zu bedienen und ermöglicht sehr präzises Arbeiten. Es ist mit umfangreichem Zubehör für unterschiedliche Einsatzmöglichkeiten erhältlich (Bohrer, Fräser, Trennscheibe ...). Das ideale Werkzeug für alle Hobby-Projekte!

Rollen Pinsel & Roller (11)

Bei den Pinseln werden Form und Material je nach Verwendungszweck gewählt. Für präzises Arbeiten beispielsweise in Ecken, empfehlen wir den Sprossenpinsel, da seine Borsten spitz zulaufen. Der Flachpinsel eignet sich zum Lackieren, Lasieren und Glätten. Verwenden Sie zum Streichen oder Lackieren von großen, ebenen Flächen einen Farbroller. Das Ergebnis hängt von der Wahl Ihres Werkzeugs ab. Lassen Sie sich beim Einkauf beraten.

Senker (12)

Mit diesem Werkzeug werden Bohrlöcher gesenkt (konischer Senker) oder gerade bzw. geschwungene Kanten angefast (zylindrischer Senker). Beim Zusammenbauen von Holzteilen werden die Löcher gesenkt, um die Schraubenköpfe verschwinden zu lassen (in diesem Buch meist hierfür verwendet).

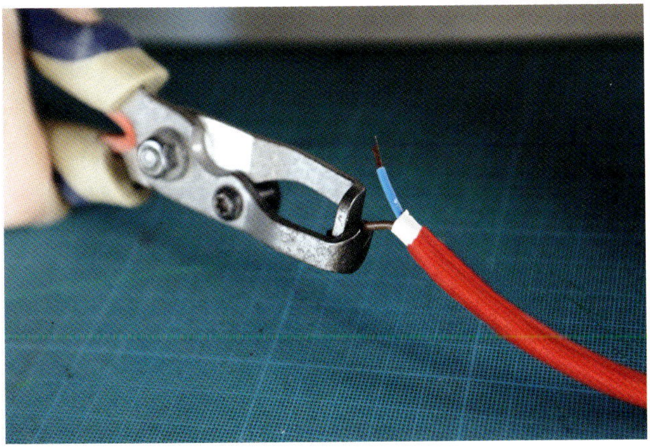

7.

8.

9.

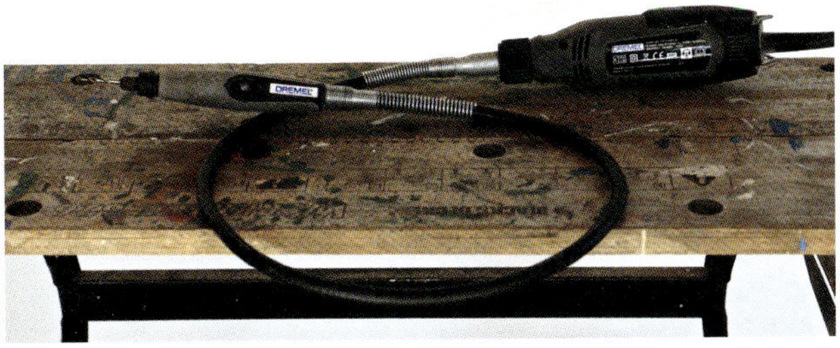

10.

11.

12.

AMBROISE

DESIGN

Wenn das goldene Zeitalter der Konsole sich mit dem der Könige Frankreichs deckt, verdanken wir es den Designern von heute, dass der damalige Charme dieses Möbels wiederentdeckt wurde. Dank der schmalen Ausmaße kann die Konsole problemlos im Eingangsbereich oder im Flur aufgestellt werden. Von den Beinen, die an die verzweigten Äste eines Baumes erinnern, bis zum sanften Relief des Schiefer-Puzzles, spielt Ambroise ganz natürlich die Karte der Eleganz aus.

DESIGN:
JEAN-MARIE REYMOND

AMBROISE

WERKZEUGKASTEN

Werkzeug

- Kappsäge
- Bohrschrauber
- Schraubzwingen
- Metallwinkel
- Pinsel: 1 kleiner Sprossenpinsel
- Spachtel

Material

- 1 MDF-Platte (Stärke 1,5 x Breite 35 x Länge 120 cm)
- 5 Kiefernkanthölzer ohne Astlöcher (3 x 3 cm x Länge 250 cm)
- 10 Schieferstücke (40 x 22 cm)
- Holzschrauben
- Holzkitt
- Holzleim
- Schwarzes Silikon
- Holzfarbe: weiß und schwarz

Und das Beste: Die Beine erinnern an die Zweige eines Baumes. Das sanfte Relief des Schiefers.

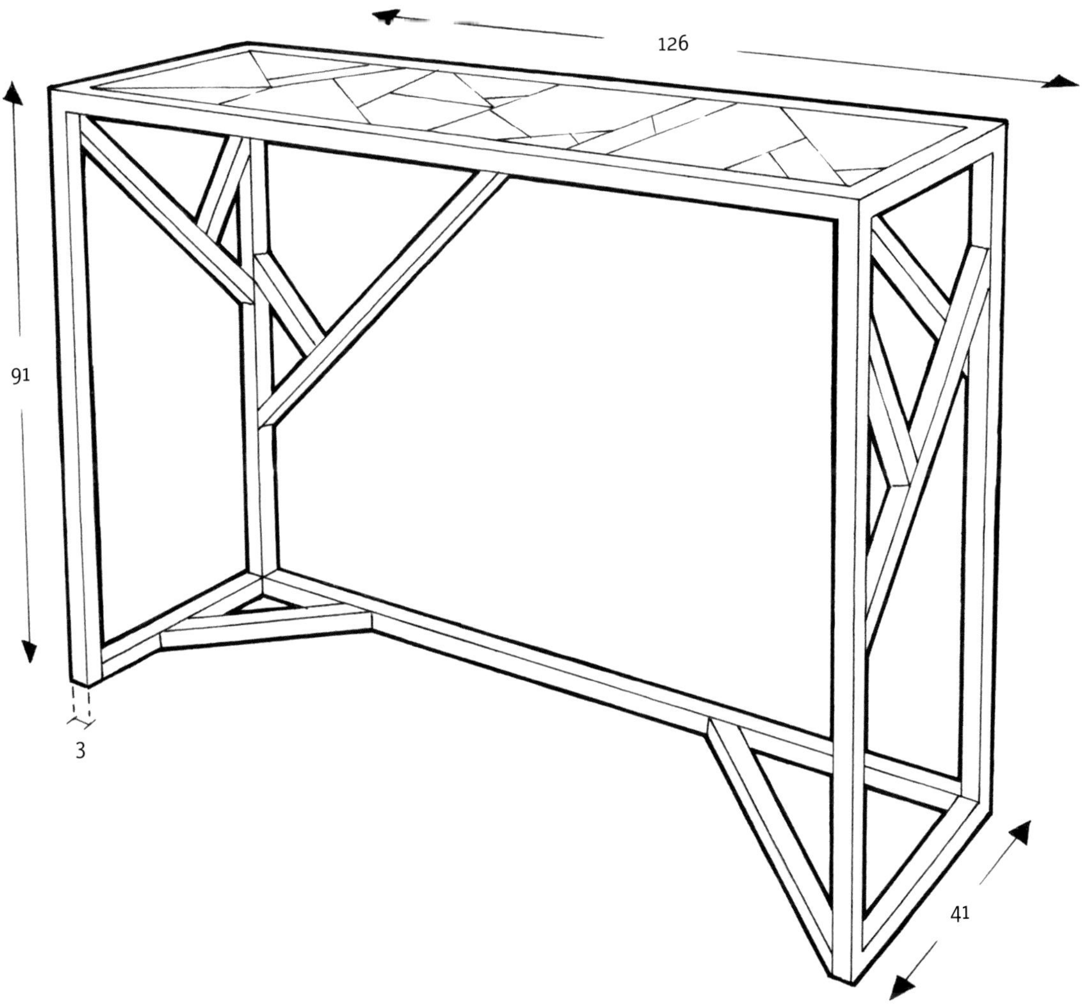

Alle Maße in den Zeichnungen sind in Zentimetern angegeben.

Bauanleitung

DIE PLATTE

1. Sägen Sie für den Rahmen 2 Kanthölzer von 126 cm (= Länge der Platte + [2 x Stärke des Kantholzes]) und 2 x 41 cm lange Dachlatten (= Breite der Tischplatte + [2 x Stärke des Kantholzes]). Sägen Sie die Enden auf Gehrung.

2. Zeichnen Sie auf die Innenseite des Rahmens eine Markierung in der Stärke des Schiefers (ca. 0,5 cm) und des Klebers (ca. 0,5 cm), damit die Schieferplatte mit den Kanthölzern abschließt.

3. Bohren Sie die Kanthölzer vor, dann öffnen Sie die Löcher mit dem Senker, damit die Schraubenköpfe nicht mehr überstehen.

4. Geben Sie Kleber auf die Seiten der Platte.

5. Schrauben Sie die Kanthölzer auf die Platte. Achtung: Legen Sie die Oberseite der Platte auf die in Schritt 2 eingezeichnete Markierung. Tragen Sie 2 Lagen schwarze Farbe auf die MDF-Platte auf.

DAS GESTELL

6. Sägen Sie die Kanthölzer in folgende Längen:
– 4 x 88 cm und 2 x 35 cm, für die beiden U-Teile
– 1 x 120 cm für die Querstrebe. Fügen Sie die U-Teile und die Querstrebe mit Kleber und Schrauben zusammen. Schließen Sie die Löcher mit Holzkitt.

7. Setzen Sie Platte und das Gestell zusammen. Achten Sie darauf, jedes Element vorzubohren und die Löcher zu senken, bevor Sie die Schrauben eindrehen.

8. Fügen Sie ein Kantholz zwischen U und Querstrebe ein, um die Stabilität der Konsole sicherzustellen. Setzen Sie einen Kantholzrest im 45° Winkel an das U. Zum Bestimmen des zweiten Winkels, legen Sie das Kantholz über die Querstrebe und zeichnen den Winkel ein. Zusägen, vorbohren, senken und schließlich verschrauben.

Bauanleitung

9. Die längeren, schrägen Kanthölzer, die dem Gestell hinzugefügt werden, sind folgendermaßen gearbeitet: Setzen Sie zunächst einen Kantholzrest im Winkel von 45° an, dann legen Sie das andere Ende gemäß dem gewünschten Design an. Zeichnen Sie die Sägelinie ein und sägen entlang dieser Linie.

10. Nehmen Sie zum Einpassen der kleineren Teile einen Kantholzrest und setzen ihn an die gewünschte Stelle. Bringen Sie die Sägemarkierungen an beiden Enden an.

11. Schrauben Sie die Teile nach dem Bohren und Senken diagonal zusammen. Die Löcher mit Holzkitt verschließen.

SCHIEFERPLATTE

12. Setzen Sie die erste Schieferplatte in die Ecke der MDF-Platte, dann zeichnen Sie mit einem spitzen Gegenstand 2 Sägelinien gemäß der gewünschten Form ein.

13. Sägen Sie den Schiefer vorsichtig mit der Kappsäge.

14. Setzen Sie die erhaltene Form ein, dann nehmen Sie ein weiteres Stück Schiefer für das folgende Teil. Setzen Sie so ein Puzzle aus Schiefer zusammen.

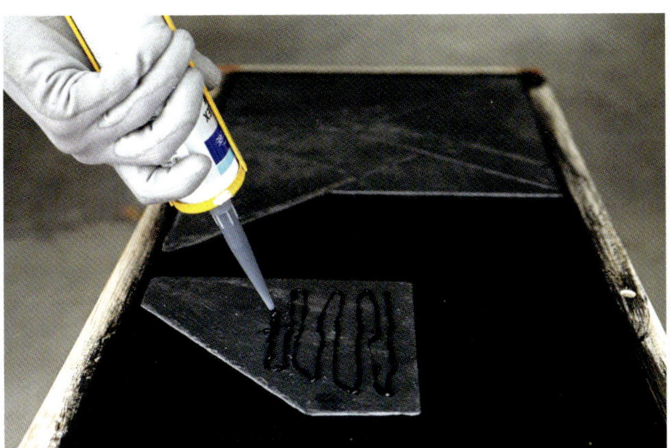

15. Befestigen Sie die Schieferplatte mit schwarzem Silikonkleber. Tipp: Bewegen Sie die Konsole während des Trocknens nicht.

FARBGEBUNG

16. Spielen Sie mit dem schwarz-weiß Kontrast. Tragen Sie hierfür mit einem kleinen Sprossenpinsel 2 Lagen weiße Farbe auf die Kanthölzer auf.

VASCO

DESIGN

Vom Wind und den Strömungen geprägt, strandet das Treibholz nach einer langen Reise am Ufer. Ein unbearbeitetes und natürliches Material, das eine Geschichte erzählt.

Die Sanftheit des alten Holzes und das natürliche Design des Astes verleihen Vasco einen einzigartigen Charakter. Es braucht nicht viel, um das Holz in eine Stehlampe zu verwandeln. Lampenschirm und Textilkabel aus Leinen genügen für diese angesagte und doch zeitlose Beleuchtung, die mit allen Einrichtungsstylen harmoniert.

DESIGN:
JEAN-MARIE REYMOND

LAMPENBERATUNG:
FALBALA LUMINAIRES

VASCO

WERKZEUGKASTEN

Werkzeug	Material
• Stichsäge • Dosenbohrer • Bohrschrauber • Seitenschneider • Heißklebepistole • Maurerkelle • Holzraspel + Schleifpapier mit feiner Körnung • Elektrikerschraubendreher • Wasserwaage • Vaseline • Cutter	• 1 gegabelter Treibholzast • 3 Lampenschirme • Kugeln aus transparentem Plexiglas • 5 m Leinenkabel + elektrisches Zubehör (Zugentlastung, Fassung E27, Lüsterklemmen) • 1 Rest MDF-Platte (30 x 30 cm) • 1 Holzbrettrest (60 x 60 cm) • Weißzement (5 kg Sack) • Bausand und Betonsplitt (25 kg Sack) • Plastikeimer ø 35 cm • Transparenter Schalter und Stecker

Und das Beste: Die Sanftheit des alten Holzes. Die natürliche Form der Stehlampe.

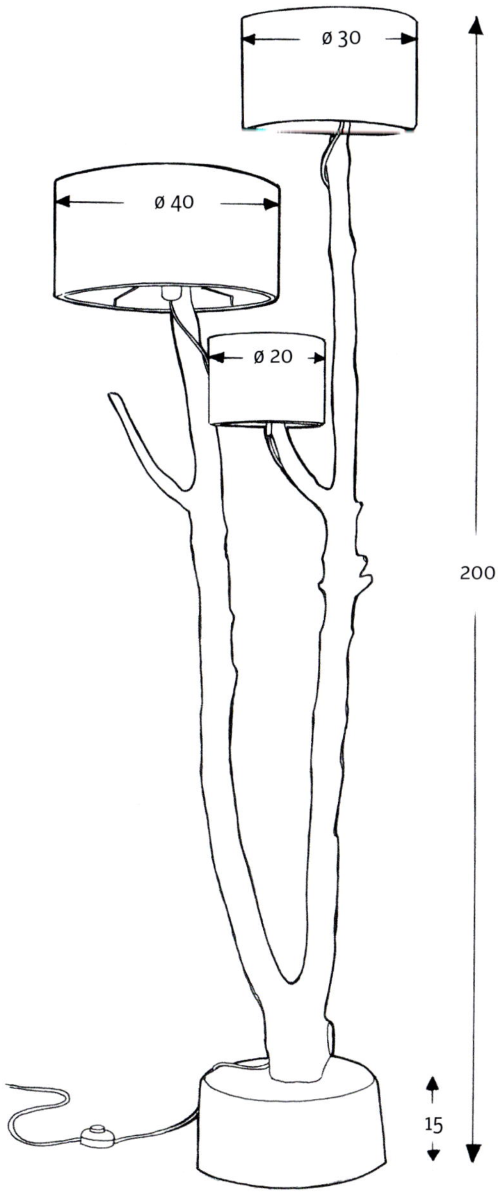

Alle Maße in den Zeichnungen sind in Zentimetern angegeben.

Bauanleitung

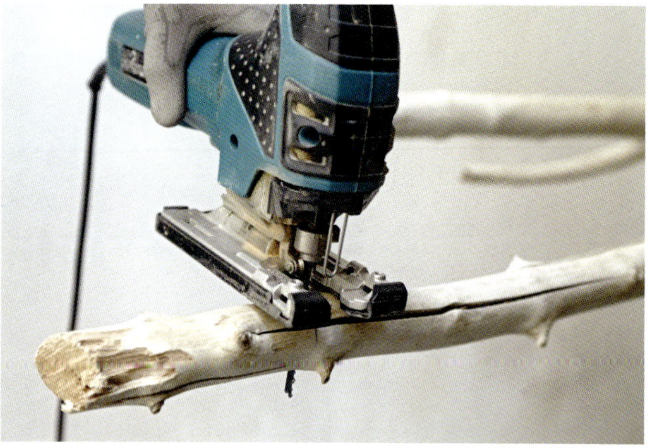

1. Sägen Sie die Äste und den Fuß des Treibholzes zurecht.

2. Stützen Sie den Ast gegen ein Brett (oder einen Tisch), damit der Fuß gerade steht. Binden Sie ihn fest, um sicherzustellen, dass die Lampen senkrecht angebracht werden.

3. Fertigen Sie die Halterungen, auf denen die Lampenschirme befestigt werden, aus MDF. Zeichnen Sie 2 Kreise und verbinden diese miteinander. Verwenden Sie als Schablone die Fassung und den Schraubring.

4. Sägen Sie die Öffnung mit einem Dosenbohrer aus.

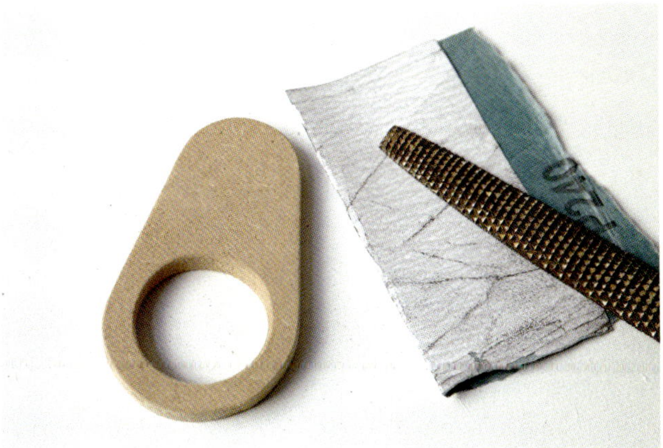

5. Sägen Sie die Teile mit der Stichsäge aus und schleifen Sie mit einem feinkörnigen Schleifpapier darüber. Passen Sie die Größe des Lochs mit einer Holzfeile an.

6. Bohren Sie die Löcher vor und schrauben Sie die Halterungen für die Lampen auf das Treibholz. Prüfen Sie die Ausrichtung der Halterungen mit einer Wasserwaage.

7. Stellen Sie die Gießform für den Lampenfuß her. Schneiden Sie den Eimer auf 20 cm Höhe ab und entfernen Sie den Boden. Reinigen Sie ihn sorgfältig und schrauben Sie ihn auf die 60 x 60 cm große Holzplatte. Fetten Sie die Innenseite mit Vaseline und platzieren Sie das Treibholz in die Mitte.

8. Zum Herstellen des Betons mischen Sie den Zement mit Wasser bis Sie eine krümelfreie, fließfähige Masse erhalten. Fügen Sie eine große Menge Sand hinzu: Die Mischung darf nicht zu flüssig und nicht zu fest sein. Fügen Sie am Ende Kies hinzu.

Bauanleitung

9. Gießen Sie die Mischung in die Form. Klopfen Sie immer wieder dagegen, damit die Luftblasen aufsteigen.

10. Entfernen Sie den Eimer von dem Brett und schneiden diesen vorsichtig mit dem Cutter auf. Schleifen Sie den Beton mit feinkörnigem Schleifpapier.

11. Schneiden Sie das Kabel auf die benötigte Länge zu.

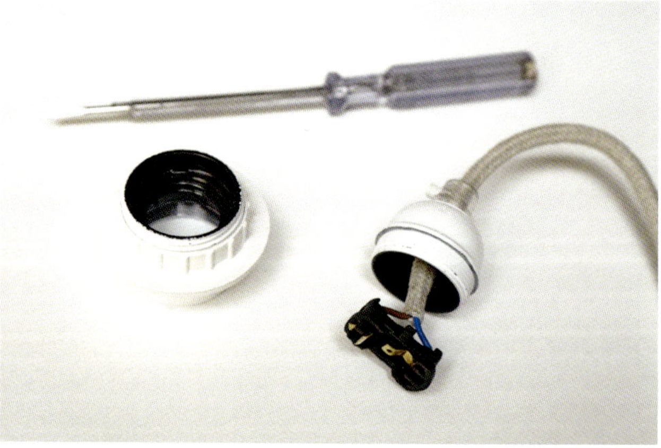

12. Montieren Sie die Fassung gemäß den Schritten 7 bis 11 des Designs Sunrise, Seite 71–72, dann schieben Sie sie in die Halterung der Stehlampe.

13. Kleben Sie mit einem kleinen Strang Kleber aus der Heißklebepistole das Textilkabel auf das Holz.

14. Fügen Sie die Kabel mit Lüsterklemmen zusammen.

15. Schützen Sie die Lüsterklemme mit einer transparenten Halbkugel.

16. Montieren Sie den Fußschalter und den Stecker gemäß der Montageanleitung des Produkts.

Jean-Marie Reymond

Designer

Jean-Marie in 5 Jahreszahlen

- **1981:** In Saint-Nazaire geboren
- **1997:** Auslandsaufenthalt, 1 Jahr in den Vereinigten Staaten
- **2006:** Diplom für Design /Innenarchitektur an der Schule Pivaut in Nantes
- **2009:** 6-monatige Reise nach Indien und Nepal
- **2013:** Ausstellung auf der Biennale Internationale für Design in Saint-Étienne/ Garderoben Line

Nach seiner ursprünglichen Ausbildung in Industrie-Design hat Jean-Marie sein Interesse auf Öko-Design gerichtet. Objekte und ihre jeweilige Geschichte fordern die schöpferische Vorstellungskraft des jungen Designers. Recyceln und Assoziieren sind die Schlüsselwörter seines Ansatzes, der für ihn „ethisch und pragmatisch" sein muss. Seine Werke, deren Einfachheit anspricht und begeistert, bewegen sich zwischen Kunst und Handwerk.

„Ideen rund um das Thema Natur zu entwickeln, knüpft an die Künstler des Land Art an, jedoch auch an die Handwerkskunst einer vergangenen Zeit, der Zeit unserer Großeltern.

Man empfindet fast so etwas wie Begeisterung, bei dem Gedanken Objekte oder Möbel ausschließlich aus natürlichen Bestandteilen, die man auf Spaziergängen im Wald, am Strand oder auf dem Feld gefunden hat, herzustellen.

Jedoch ist das auch nicht ganz ungefährlich: Man muss sich auskennen, die Materialien auf ihre Widerstandsfähigkeit prüfen. Wie werden sie sich in unseren Räumen, fern der natürlichen Umgebung, entwickeln? Die Natur verzeiht nicht ... Schnell passiert ein Fehler, da die Materialien, vom Trocknen bis zum Zuschnitt, mit Sorgfalt zu bearbeiten sind. Man muss jeden Vorgang überprüfen, eine Bohrung oder einen Kleber ausprobieren, um sicher zu sein, dass das Material gut reagiert.

Ein Design wird zunächst auf seine Funktion hin durchdacht, dann kommt der ästhetische Aspekt. Die Natur ermöglicht uns, die beiden in Einklang zu bringen. Gepetto trägt die Mäntel mit der Eleganz der Birke, auf Ambroise mit der Schattierung des Schiefers, können hübsche Dinge abgestellt werden, Rouletabille empfängt seine Gäste mit der Äderung des Holzes ...

Mir gefällt die Vorstellung der Künstler, wie Andy Goldsworthy, die die Natur verwenden, um Gegenstände zu entwerfen oder Skulpturen zu schaffen, welche die Eigenheit unserer Umwelt hervorheben."

Jean-Marie Reymond

6 *bis*, rue Noire – 44000 Nantes
Tel.: 02 40 48 54 96

behance.net/jdce
behance.net/ruenoire

Von links nach rechts: *Rouletabille* (S. 59) *Ambroise* (S. 17) *Die Eingetopften* (S. 97) *Gepetto* (S. 77) *Aufgeblättert* (S. 137) *Vasco* (S. 25)

PÁJARO*

DESIGN

Ein Spaziergang im Wald genügt, um die Atmosphäre der Natur in Ihre vier Wände zu bringen. Ein Ast, ein Band etwas Deko und schon erhält das Kinderzimmer ein poetisches Flair...

Pájaro ist eine originelle Garderobe, die ganz leicht nachzubauen ist. Platzsparend sorgt sie für Ordnung, wie ein stummer Diener. Dieser Vogel findet seinen Platz, wo Sie ihn fliegen lassen, vom Schlafzimmer bis in den Flur.

* „Vogel" auf Spanisch

BAUANLEITUNG:
AURÉLIE DROUET

STYLING:
ATELIER DU PETIT PARC

PÁJARO

WERKZEUGKASTEN

Werkzeug

- Spachtel
- Metallbürste
- Fuchsschwanz (Säge)
- Deltaschleifer
- Schleifpapier, extra feine Körnung
- Schüssel und Schwamm
- Schere
- 2 Haken + 2 Dübel

Material

- 1 Ast (hier: Tanne) zwischen 140 und 150 cm lang, ø 5 cm (ø eines Kleiderbügels)
- 4 m Baumwollband (Farbe Ihrer Wahl)

Und das Beste: Ein sparsames Design. Ist leicht umzusetzen.

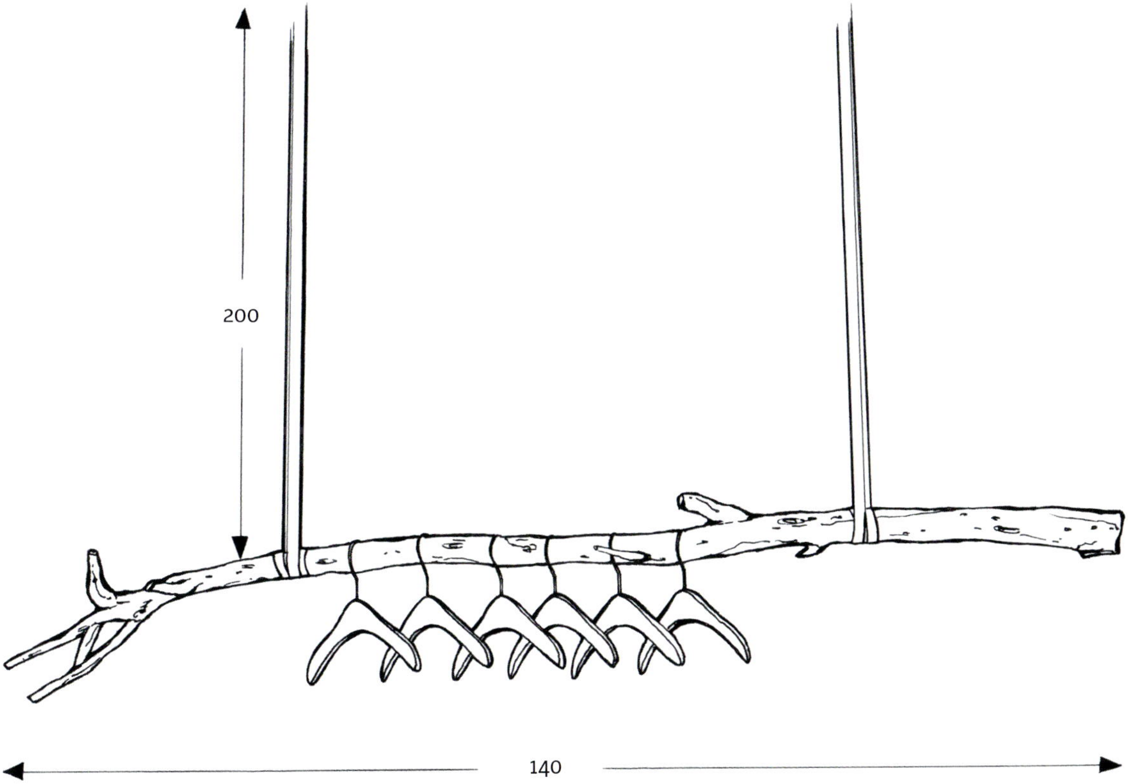

Alle Maße in den Zeichnungen sind in Zentimetern angegeben.

Bauanleitung

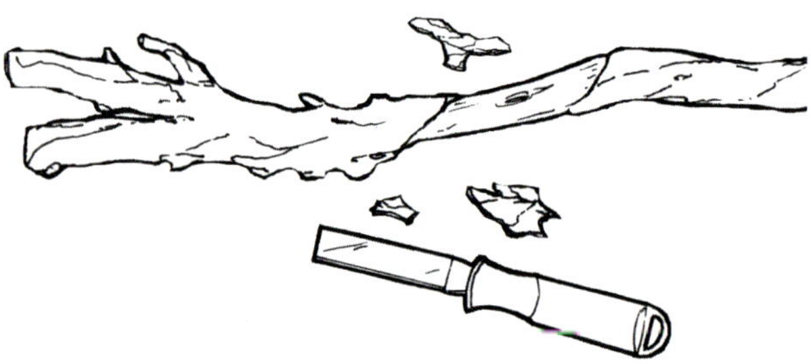

1. Entfernen Sie die Rinde mit einem Spachtel.

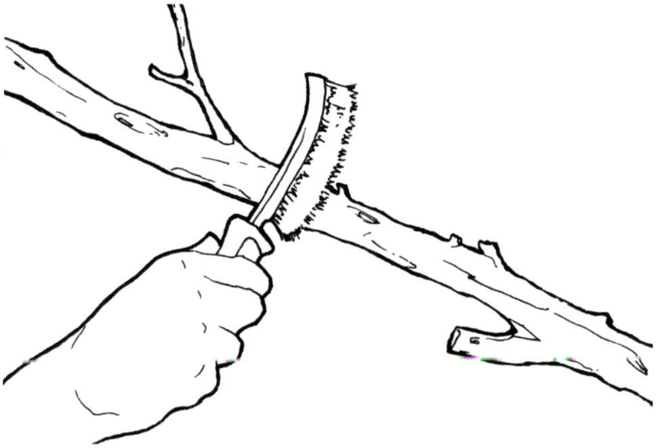

2. Reinigen Sie den Ast mit einer Metallbürste.

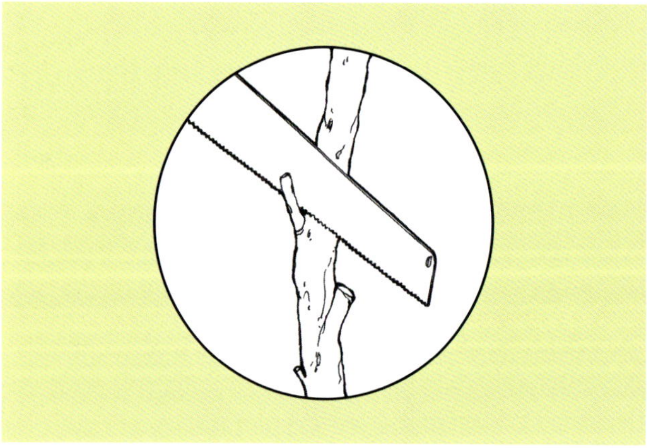

3. Sägen Sie die kleinen Astansätze, die überflüssig sind, ab.

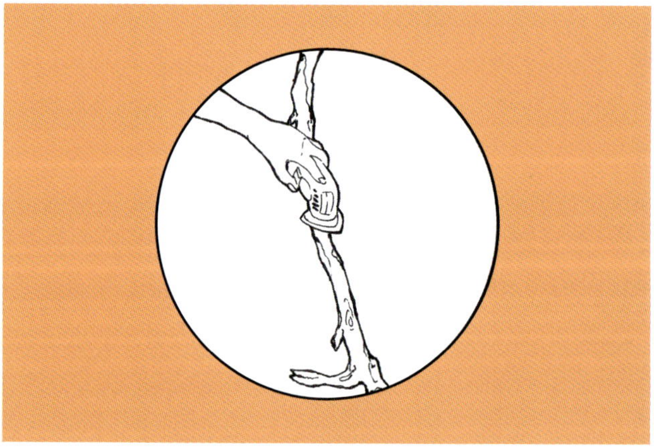

4. Schleifen Sie den Ast mit dem Deltaschleifer und die schwer zugänglichen Stellen von Hand. Schleifen Sie zum Abschluss mit extrafeinem Schleifpapier, damit Sie eine glatte Oberfläche erhalten.

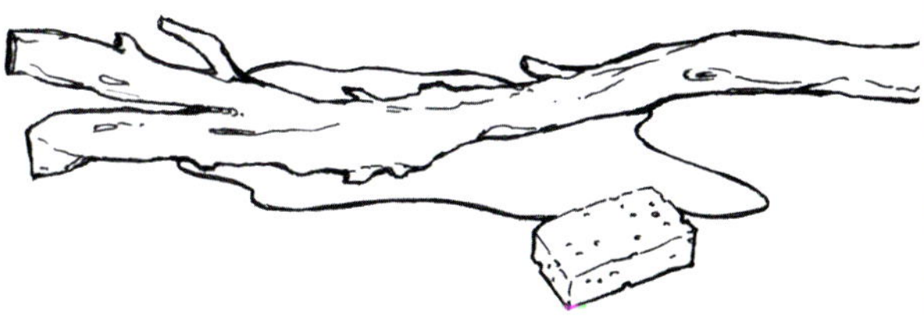

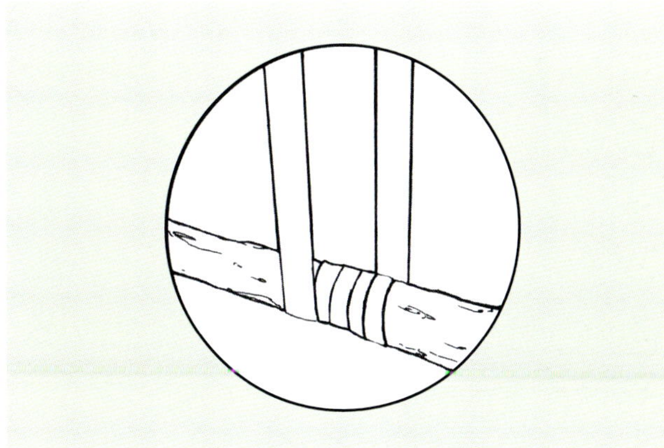

5. Spülen Sie den Ast mit klarem Wasser ab. Achten Sie darauf, das Holz nicht zu durchnässen, und lassen Sie es mindestens 48 Stunden trocken (in der Sonne oder bei Raumtemperatur).

6. Schneiden Sie entsprechend der gewünschten Höhe zwei gleich lange Baumwollbänder für die Garderobe ab. Wickeln Sie die Bänder mehrmals um die Enden des Asts.

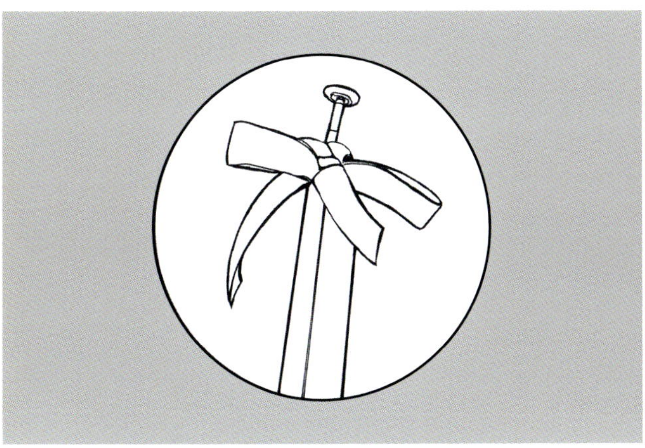

7. Befestigen Sie die Dübel in der Decke, dann drehen Sie die Haken, an denen Sie die Bänder gut befestigt haben, in die Dübel.

8. Band, Kette, Schnur oder Kabel. Die immense Auswahl an Material ermöglicht Ihnen, die Garderobe passend zu Ihrer Einrichtung zu gestalten.

POP'OUF

DESIGN

In den letzten Jahren wurde der Pouf zu einem unverzichtbaren Objekt für die Inneneinrichtung. In der gestrickten Variante ist der Pouf besonders beliebt.

Pop'Ouf steht mit den großen Maschen aus 100 % Schurwolle für einen maximalen Cocooning Effekt.

Lassen Sie sich vom Häkelspaß verführen, eine sehr viel leichter erlernbare Fertigkeit, als man denkt. Sie werden rasch selbst Modelle kreieren können.

DESIGN:
BÉATRICE SIMON – *LILLICROCHE*

STYLING:
ANNABEL GUERET – *EDMOND*

POP'OUF

WERKZEUGKASTEN

Werkzeug

- 1 Häkelnadel Nr. 12
- Schere
- Sticknadel mit großem Öhr
- Nähmaschine + Nadel + Garn

Material

- Jutestoff
- Wolle DROPS Eskimo vom Garnstudio, Farbe Nr. 52: 30 Knäul zu 50 g oder Ähnliches
- 3,5 kg Schafswolle zum Ausstopfen

Und das Beste: Das Relief der groben Maschen. Die weiche Wolle lädt zum Entspannen ein.

Sehen Sie sich auf Seite 176 und 177 den Häkelkurs und das Zählmuster auf Seite 179 an, bevor Sie mit dem Pouf beginnen.

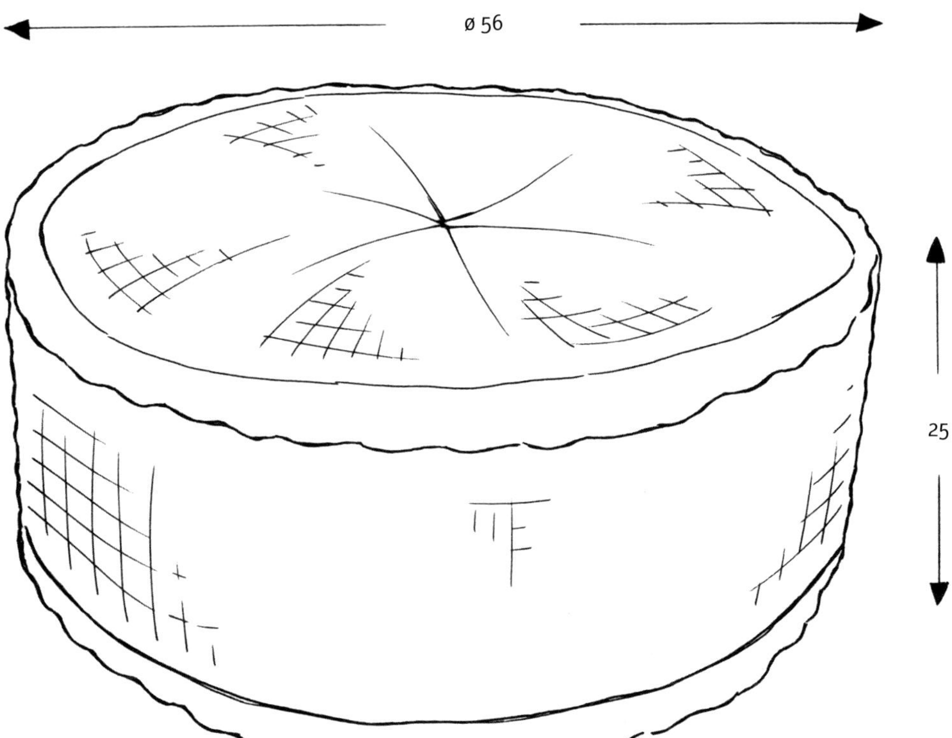

Alle Maße in den Zeichnungen sind in Zentimetern angegeben.

Anleitung

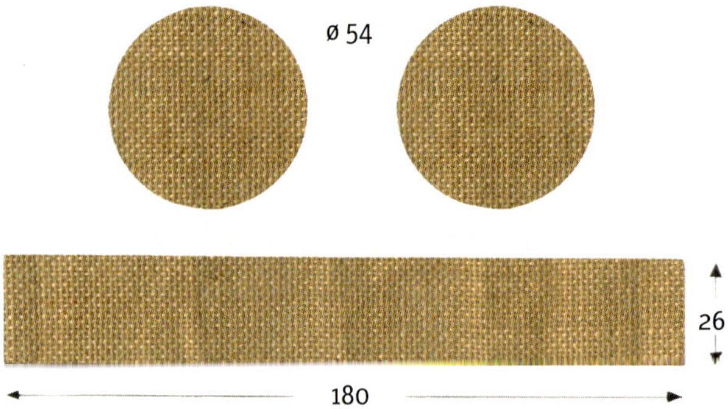

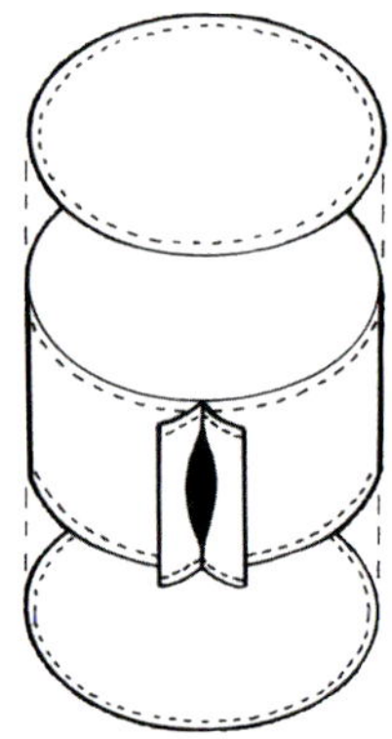

INNENKISSEN

1. Schneiden Sie aus Jutestoff zwei Kreise mit einem Durchmesser von 54 cm und ein Rechteck von 26 x 180 cm Größe (einschließlich Saum) aus.

2. . Schlagen Sie 5 cm an den beiden kurzen Enden des Rechtecks um. Stecken Sie das Rechteck bündig mit dem oberen Kreis fest. Dann steppen Sie 1,5 cm vom Rand. Verfahren Sie ebenso mit dem unteren Kreis. Belassen Sie für die Füllung eine Öffnung an der Seite.

3. Wenden Sie die Arbeit und stopfen diese mit der Schafswolle oder einer anderen Füllung Ihrer Wahl aus. Schließen Sie die Öffnung im Überwendlingsstich.

4. Stopfen Sie das Kissen gut aus, damit Sie einen festen Pouf erhalten.

ABKÜRZUNGEN

Lm: Luftmasche	fM: Feste Masche	Km : Kettmasche	Stb: Stäbchen

OBERER KREIS

5. Verwenden Sie eine Häkelnadel Nr. 12 für 3 Wollfäden Eskimo. Beginnen Sie mit einem magischen Ring, indem Sie die Wolle zweimal um die Finger wickeln. Tipp: Lesen Sie den Häkelkurs auf Seite 176-177 in diesem Buch.

6. Ziehen Sie die Wollfäden durch die beiden entstandenen Schlingen.

7. Häkeln Sie 1 Lm.

8. 1. Rd: Häkeln Sie 7 fM in den Ring.

Anleitung

9. Ziehen Sie 2 Mal an den Fäden, damit sich der Ring zusammenzieht, und häkeln Sie in der Spirale weiter.

10. 2. Rd.: Häkeln Sie 2 fM in jede fM der vorhergehenden Runde (= 12 fM).

11. 3. Rd: Häkeln Sie *1 fM in die folgende fM, 2 fM in die folgende fM*.
Wiederholen Sie 5 Mal von* bis * (3. Rd = 18 fM).
4. Rd: Häkeln Sie **1 fM in jede der 2 folgenden fM, 2 fM in die folgende fM**. Wiederholen Sie 5 Mal von ** bis ** (Runde 4 = 24 fM).

12. Reihe 5 bis 15: Häkeln Sie wie bei Runde 4 und fügen bei jeder Runde eine fM hinzu, in jede der 3, 4, 5, 6, 7, 8, 9, 10,11, 12 und 13 folgenden fM (= 90 fM). Beenden Sie die letzte Runde der fM mit einer Km in die erste fM der 15. Runde. Achtung: Die Zunahme erfolgt immer in die zugenommenen Maschen der vorhergehenden Runde.

ABKÜRZUNGEN

Lm: Luftmasche	fM: Feste Masche	Km : Kettmasche	Stb: Stäbchen

13. 16. Rd: Noppenrunde. Häkeln Sie für die Noppe 3 Lm und 3 Stb in die gleiche fM aus der Vorrunde.

14. Ziehen Sie die Häkelnadel aus der Masche und stechen Sie in die 3. Lm.

15. Ziehen Sie die Fadenschlinge durch die 3. Lm.

16. Häkeln Sie einen Lm, ziehen Sie eine fM, für die folgende Noppe, häkeln Sie 4 Stb in die folgende fM.

Anleitung

17. Ziehen Sie die Häkelnadel aus der Masche und stechen Sie in das obere der 4 Stb und ziehen die Fadenschlinge durch.

18. Wiederholen Sie die Schritte 16 und 17 43-mal. Enden Sie mit einer Lm und einer Km in der Mitte der ersten Noppe der Runde (abwechselnd 45 Noppen und 45 Lm häkeln).

UNTERER KREIS

19. Wiederholen Sie die Schritte 5 bis 12 (oberer Kreis). Schneiden den Faden lange genug ab, um mit der Naht zu beginnen.

SEITE DES POUFS

20. Rd 1: Häkeln Sie 1 Lm, dann eine fM in die Mitte der selben Noppe und 1 fM unter die folgende LM. Häkeln Sie *** 1 fM in die Mitte der folgenden Noppe und 1 fM durch einstechen unter der folgenden Lm***. Wiederholen Sie*** bis *** 43-mal . Schließen Sie die Runde mit einer Km in die 1 fM der Runde.

ABKÜRZUNGEN

Lm: Luftmasche	fM: Feste Masche	Km : Kettmasche	Stb: Stäbchen

21. Rd 2: Häkeln Sie 1 Lm und 1 fM in die selbe fM, dann 1 fM in jede der folgenden 89 fM. Beenden Sie die Rd mit 1 Km 1 in die erste fM der Runde (= 90 fM). Wiederholen Sie 9-mal die zweite Rd (= 11 Rd fM).

22. Innere Noppenrunde: Wiederholen Sie die Schritte 13 bis 18 (= 45 Noppen und 45 Lm abwechselnd). Schneiden Sie den Faden ab und ziehen ihn durch die Häkelschlinge vor dem Verwahren.

ZUSAMMENFÜGEN

23. Schieben Sie das Jutekissen in den Häkelbezug. Nähen Sie die den unteren Kreis an den Rest des Bezugs. Die 90 Maschen der Teile müssen zusammengefügt werden. Verwahren Sie die Fäden und ziehen Sie sie nach innen.

Béatrice Simon
Designerin

Béatrice in 5 Jahreszahlen

- **1990-1997:** Briefträgerin /jedes Jahr Sommerjob in Deutschland (Stuttgart). Eine unvergessliche menschliche Erfahrung.
- **2005:** Übersetzerin
- **2006:** 1. Übersetzung eines Handarbeitsbuchs
- **2008:** 1. Fernsehsendung in Deutschland, um eine Häkeltechnik anhand eines selbst entworfenen Modells vorzustellen.
- **2009:** Zurück in Frankreich, in Ihrer Heimatstadt in der Nähe von Rennes wird Lillicroche gegründet.

Die studierte Germanistin und Linguistin Béatrice war Lehrerin, Übersetzerin, Dolmetscherin, Lexikografin ... und Designerin! Eine ungewöhnliche Karriere für die Häkelbegeisterte, die in ihrer Karriere eine 180° Wendung vorgenommen hat, heute ihre eigenen Modelle entwirft und Bücher darüber veröffentlicht. Ihr Lieblingsgebiet: die Masche. Sie arbeitet diskret und teilt großzügig ihr Wissen mit allen Anfängern und jenen, die sich perfektionieren wollen.

„Es ist ganz natürlich, dass ich für dieses Buch ein Design mit natürlichen Materialien gewählt habe, da ich diese auch bei Weitem bevorzuge! 100 % Wolle, regionale Produkte und so wenig Synthetik, wie möglich – außer vielleicht aus Haltbarkeitsgründen. Die Quellen sind meist vor der Haustüre. Oft genügt es Augen und Ohren offen zu halten, einen Gang über ein paar Märkte und spezialisierte Messen, um sein Glück zu finden.

Das Design von Möbeln auf der Basis von natürlichen Materialien passt gut zu allen Accessoires, Formen und Volumen, die Sie mit Häkelarbeit umsetzen können.
Für eine ausreichende Größe sollten Sie mit einer großen Häkelnadel arbeiten. Auch wenn Sie riskieren, Stunden oder Tage mit Häkeln zu verbringen, und es nicht sehr ergonomisch ist.

Natürliche Materialien können empfindlicher und nicht ganz so pflegeleicht sein. Aber sie sind Teil dieser Philosophie. Die überwiegenden Qualitäten: Ökologie, Nachhaltigkeit, Verfügbarkeit – lassen mögliche Unannehmlichkeiten verblassen."

Béatrice Simon
lillicroche@yahoo.fr
lillicroche.wordpress.com

ZÉPHYR

DESIGN

Ich erinnere mich gut an die „Zöpfe", die ich dem Vorhang an der Tür meine Großmutter geflochten habe. Er was aus kleinen blauen, roten, gelben und grünen Plastikperlen ...

Ich weiß noch genau, wie ich wieder und wieder durch den Vorhang ging, um die Perlen zu spüren und ihre zarte Musik zu hören. Zéphyr hingegen klingt wie ein Gong!

Der Bambusvorhang ist ein neu interpretierter Klassiker, der einen neuen Blick auf das Material gestattet. Ein Design, das Sie Ihren Bedürfnissen anpassen können. In der Version XXL kann Zephyr als Raumteiler unterschiedliche Bereiche abtrennen.

DESIGN:
MARION DAVIAUD

ZÉPHYR

WERKZEUGKASTEN	
Werkzeug • Kappsäge mit feinem Sägeblatt • Standbohrer + Holzbohrer (ø 2/3 mm) • Schleifpapier mit feiner Körnung • Große Nähnadel	**Material** • Bambus (ø 4 cm) für 10 Ketten mit je 26 Ringen • 1 Bambus (ø 3,5 cm) für die Vorhangstange • 30 m Hanfkordel in 12 Stücken, nicht gewachst • 2 Halter für die Vorhangstange mit dem selben Durchmesser wie die Vorhangstange • Schrauben und Dübel je nach Beschaffenheit der Wand.

Und das Beste: Einfach und schnell gefertigt. Ringe und Bambus: Harmonie in Form und Material.

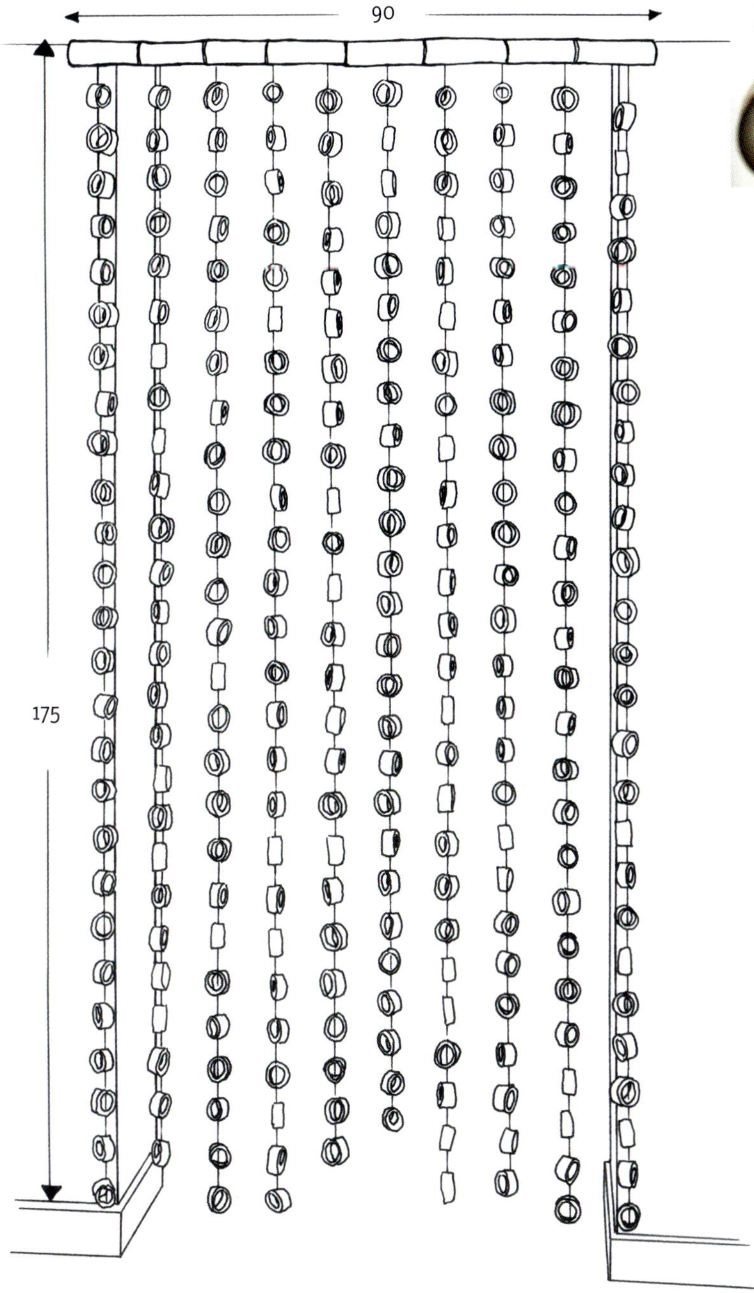

Alle Maße in den Zeichnungen sind in Zentimetern angegeben.

Bauanleitung

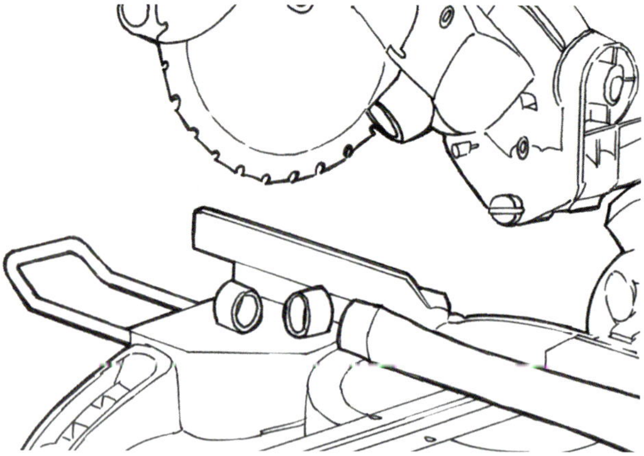

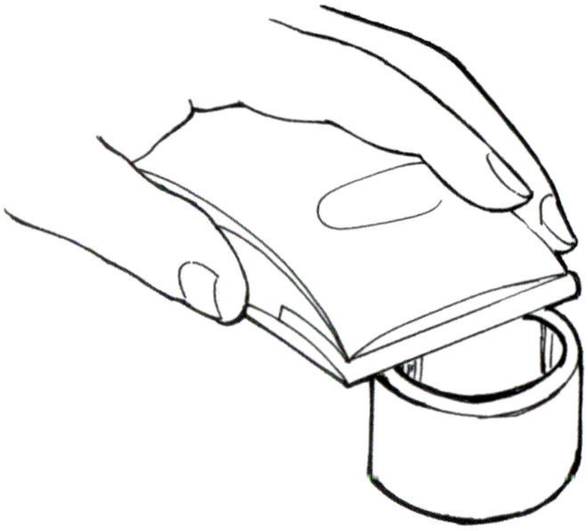

DER BAMBUS

1. Sägen Sie den Bambus in 260 Teile von je 2 cm für die 10 Ketten mit jeweils 26 Ringen.

2. Schleifen Sie die Ringe mit feinkörnigem Schleifpapier ab.

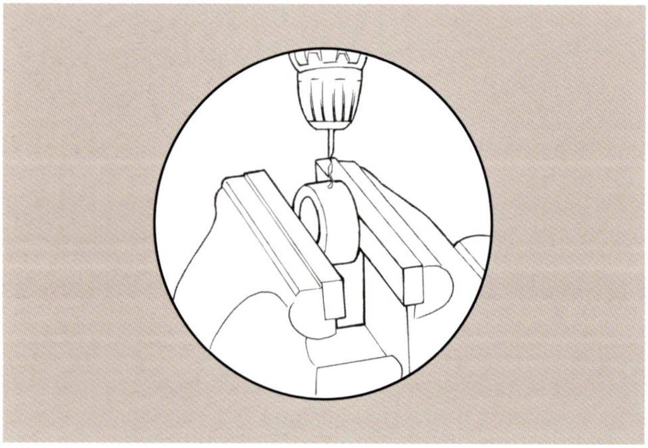

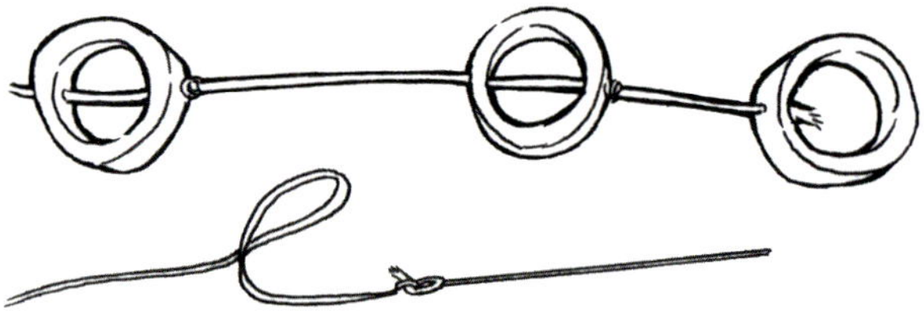

3. Bohren Sie mit einem Bohrer, 2 bis 3 mm ø, beidseitig Löcher in die Ringe.

DIE KETTEN

4. Schneiden Sie die Abschnitte der Kordel entsprechend der Höhe Ihrer Tür. Fügen Sie für die Knoten zusätzlich Kordel hinzu (hier: 270 cm Kordel für eine Türhöhe von 175 cm). Fädeln Sie die Ringe mit einer Nadel auf die Kordeln auf, lassen Sie jeweils einen Abstand zwischen der Oberseite eines Ringes und dem folgenden Knoten.

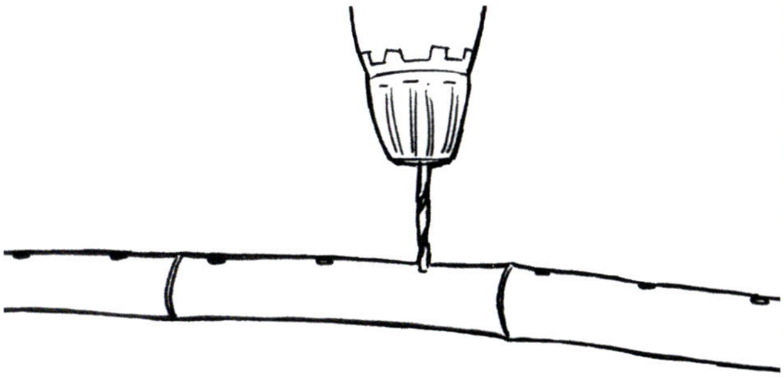

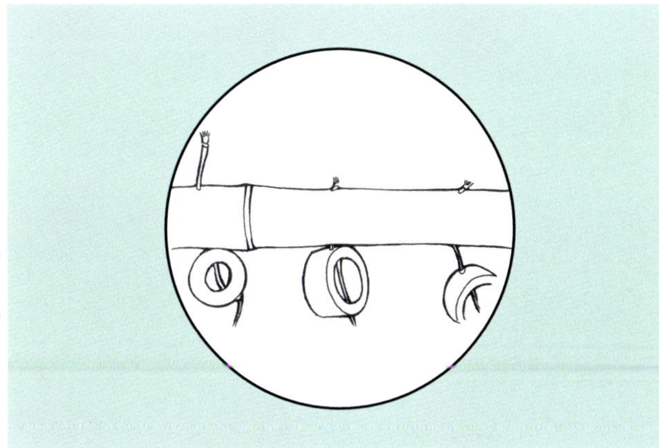

5. Sägen Sie den Bambusstab für die Vorhangstange zu (hier 90 cm), dann bohren Sie in regelmäßigem Abstand Löcher (hier alle 8 cm).

6. Knoten Sie die Ketten an die Vorhangstange.

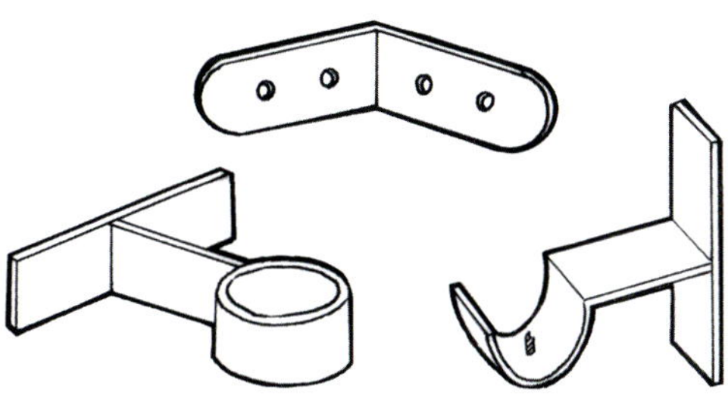

7. Befestigen Sie eine Halterung Ihrer Wahl für die Vorhangstange (an der Wand, an der Decke, zwischen zwei Wänden).

ROULETABILLE

DESIGN

Mit Rouletabille bewegen wir uns fast auf den Spuren der Holzfäller! Holzklötze und eine Kettensäge sind die wichtigsten Zutaten für dieses schlichte Design. Die Pappel in Form gesägt, vereint Rouletabille das unbehandelte und das gestrichene Holz, damit die Stühle einen modernen und authentischen Touch erhalten.

Warnhinweis: Für dieses Möbel benötigen Sie eine Kettensäge. Ein Werkzeug, dessen Handhabung sowohl Erfahrung als auch die Beachtung der Sicherheitsregeln unbedingt erfordert.

DESIGN:
JEAN-MARIE REYMOND

BAUANLEITUNG:
JÉRÉMY BOCHE

ROULETABILLE

WERKZEUGKASTEN

Werkzeug

- Kettensäge (Schwert 50 cm)
- Hammer oder Holzhammer
- Stechbeitel
- Malerklebeband
- Schwarzer Stift
- Elektrohobel
- Exzenterschleifer
- 2 Flachpinsel
- Schleifpapier mit unterschiedlicher Körnung

Material

- 4 Holzstämme, hier: Linde (ø 40-50 x Höhe 100 cm)
- Farbloser Bootslack, außen
- Holzfarbe

Und das Beste: Ein originelles Design. Die unbehandelten Flächen der Stühle.

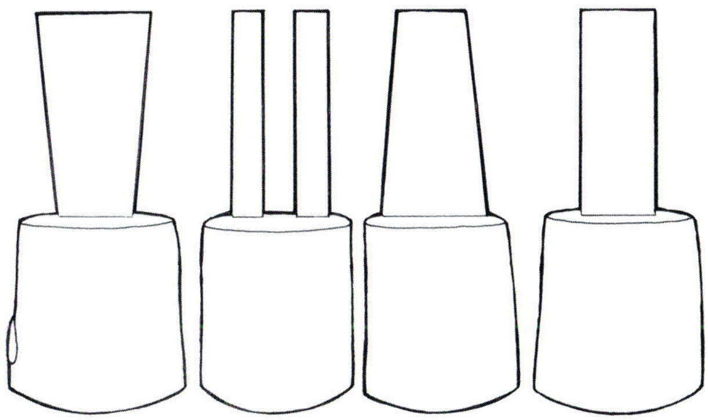

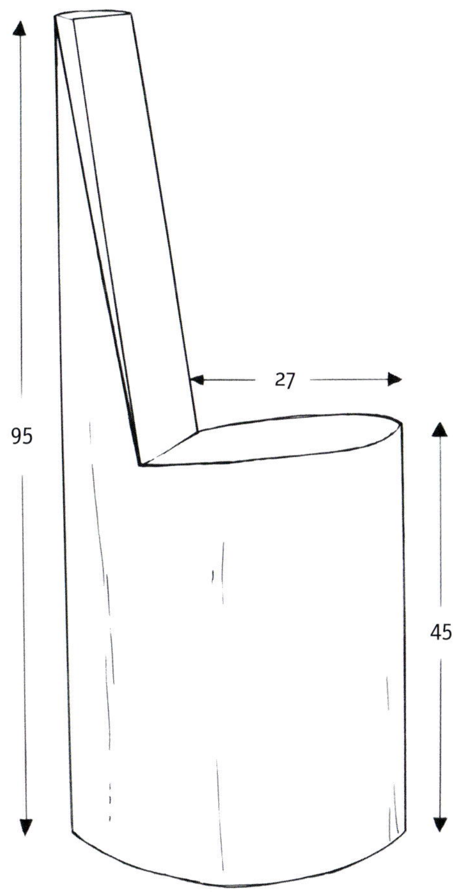

Alle Maße in den Zeichnungen sind in Zentimetern angegeben.

Bauanleitung

1. Entfernen Sie die Rinde der Holzstämme mithilfe von Hammer und Stechbeitel. Arbeiten Sie mit vorsichtigen Hammerschlägen, um das Holz nicht zu beschädigen! Tipp: Wählen Sie ein weiches Holz, wie zum Beispiel Linde, das einfacher zu bearbeiten ist.

2. Kennzeichnen Sie die Höhe der Sitzfläche bei 47 cm.

3. Kleben Sie das Klebeband um den Baumstamm von der soeben angebrachten Markierung aus.

4. Zeichnen Sie entlang des Klebebands eine Linie, an der Sie entlangsägen.

5. Zeichnen Sie eine Markierung 7 cm vom Rand auf die Oberseite des Holzstammes für die Stärke der Rückenlehne.

6. Verbinden Sie mit einem Klebeband die Markierung der Sitzfläche schräg mit der zuvor angebrachten Linie auf dem Holzstamm, um die Neigung der Rückenlehne zu bestimmen. Zeichnen Sie die Markierung mit einem dicken Filzstift an.

7. Sägen Sie entlang der Markierung. Warnung: Arbeiten Sie umsichtig mit der Kettensäge und beachten Sie die Sicherheitshinweise.

8. Fahren Sie mit dem Sägen der horizontalen Sitzfläche fort.

Bauanleitung

9. Zeichnen Sie die Form der Rückenlehne nach Belieben.

10. Fahren Sie mit dem Sägen fort (siehe Skizze S. 61) und achten Sie auf die Markierung der Schnitte und darauf, nicht auszurutschen.

11. Sägen Sie die Rückenlehne auf der Höhe von 50 cm ab.

12. Hobeln Sie die gesägten Stellen, damit Sie glatte Oberflächen erhalten.

13. Schleifen Sie die Oberfläche und verwenden Sie nach und nach feineres Schleifpapier für ein schönes Finish.

14. Streichen Sie die Stühle an. Passen Sie die Farbgebung dem Umfeld an, in dem die Stühle aufgestellt werden sollen.

15. Tragen Sie mit dem Pinsel eine erste Lackschicht auf. Trocknen lassen und leicht mit einem feinkörnigen Schleifpapier (240) darüber schleifen. Entstauben Sie die Oberfläche und tragen eine zweite Lackschicht auf.

SUNRISE

DESIGN

Lassen Sie sich von der Hängelampe Sunrise inspirieren, um Ihrer Inneneinrichtung ein exotisches Flair zu verleihen. Mit dem Ensemble aus Kokosnüssen verbreitet diese außergewöhnliche Lampe ein homogenes Licht, das für einen Esstisch hervorragend geeignet ist.

Spielen Sie mit den Materialien, kombinieren Sie Baumwolle mit Kokosfaser in einem angesagten Design.

DESIGN:
LES M&M DESIGNERS

LAMPENBERATUNG:
FALBALA LUMINAIRES

SUNRISE

WERKZEUGKASTEN

Werkzeug

- Metallsäge
- 1 Messer
- Holzbohrer (5 mm)
- Dosenbohrer
- Bohrschrauber
- Holzfeile
- Flachpinsel
- Kleine Schere + Cutter
- Abisolierzange
- Elektrikerschraubendreher
- Metallbohrer (ø 2 und 6,5 mm)

Material

- 8 Kokosnüsse
- 8 m Textilkabel, weiße Baumwolle
- 7 weiße Lüsterklemmen (2,5 mm²)
- 1 weiße Lüsterklemme (16 mm²)
- 1 transparente Zugentlastung
- 7 Fassungen E14 glatt, vernickelt + Zugentlastungen
- 7 Leuchtmittel G45, verspiegelt, E14, 25W
- PVC Kleber oder Kontaktkleber
- Weiße Holzfarbe • 1 Kabelbinder
- Holzschrauben (ø 5 x Länge 15 mm)

Und das Beste: Der Materialeffekt der Kokosnüsse. Ein zeitgenössisches Design mit exotischem Anklang.

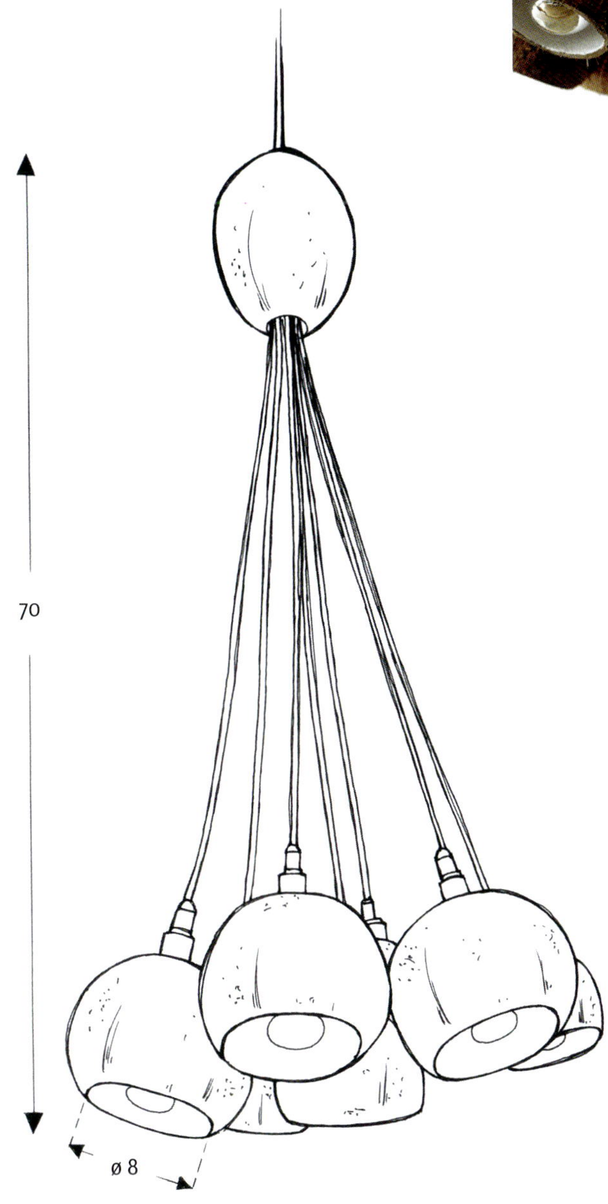

Alle Maße in den Zeichnungen sind in Zentimetern angegeben.

Bauanleitung

1. Sägen Sie ca. ein Viertel der Kokosnuss mit einer Metallsäge ab.

2. Entfernen Sie mit einem spitzen Messer das Fleisch der Kokosnüsse. Die Kokosnüsse waschen und trocknen lassen.

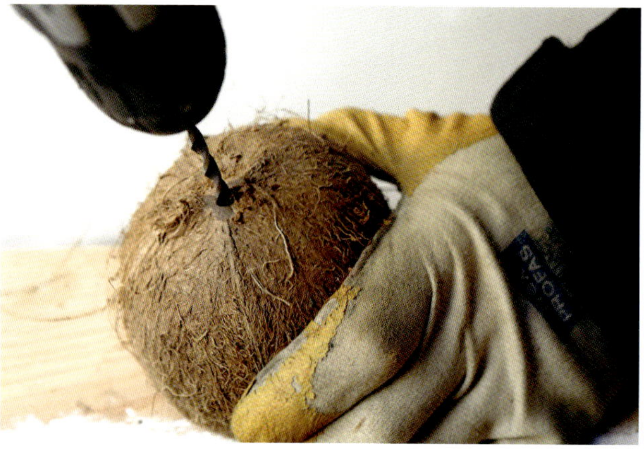

3. Bohren Sie an der Oberseite der Kokosnüsse Löcher mit einem Bohrer, 5mm ø, vor.

4. Bohren Sie mithilfe des Dosenbohrers ein etwas kleineres Loch, als der Durchmesser der Fassung misst (hier, ø 2,5 cm).

5. Feilen Sie die Öffnung und passen Sie die Fassung mit etwas Druck ein.

6. Tragen Sie zwei Lagen weiße Farbe auf die Innenseite der Kokosnüsse auf. Die Farbe wiederholt sich im Weiß der Baumwollkabel.

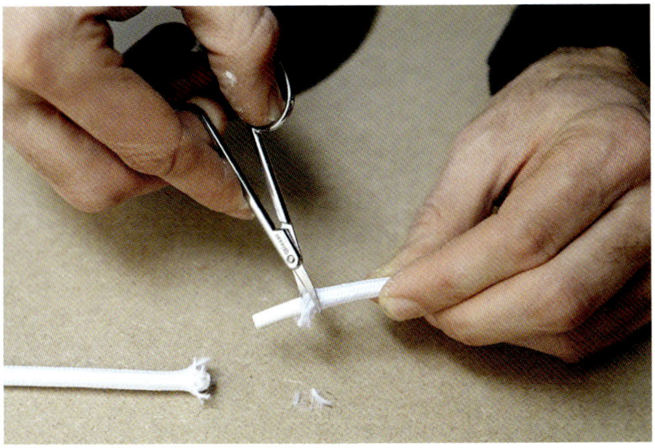

7. Teilen Sie das Kabel in 8 Abschnitte von jeweils 1 m Länge. Entfernen Sie für die Elektroinstallation die Kabelummantelung auf 2 cm mit einer kleinen Schere an beiden Enden.

8. Geben Sie zum Schluss einen Tropfen Kleber auf den Textilmantel und glätten Sie ihn. Trocknen lassen.
Option: Umwickeln Sie den Textilmantel mit weißem Isolierband.

Bauanleitung

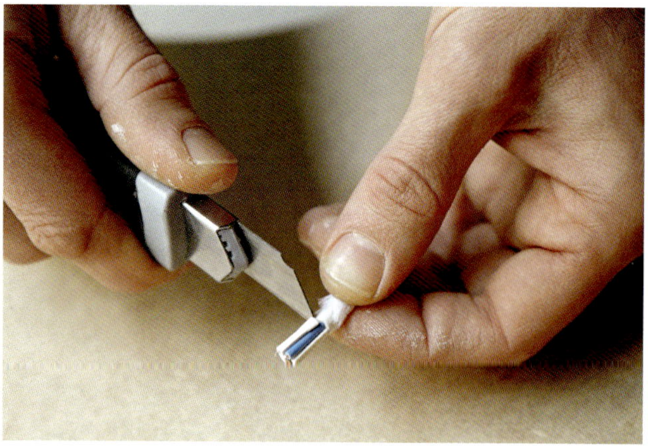

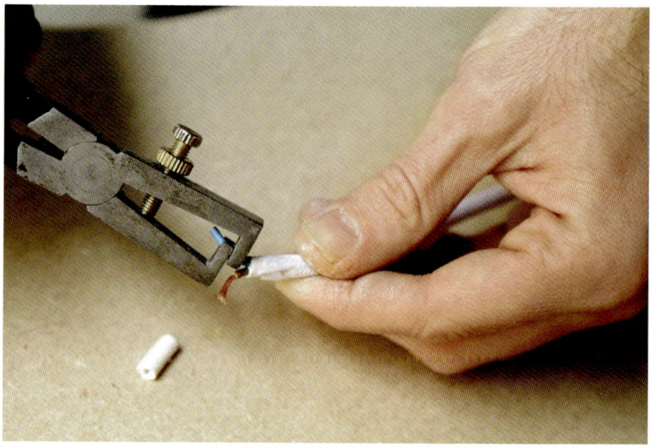

9. Entfernen Sie vorsichtig mithilfe eines Cutters den Kunststoffmantel des Kabels, indem Sie rundum, direkt neben dem geklebten Textilmantel, leicht einschneiden. Vorsicht: Verletzen Sie nicht in die elektrischen Adern.

10. Entfernen Sie 5 mm der Aderisolierung mit der Abisolierzange, dann verdrehen Sie die Kupferdrähte.

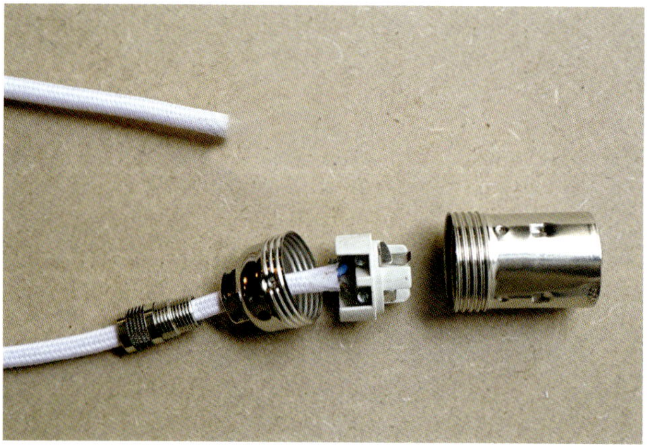

11. Schrauben Sie die Zugentlastung auf die Kappe der Fassung, schieben Sie die Drähte in die Anschlussklemmen und ziehen Sie sie mit dem Elektrikerschraubendreher fest an. Setzen Sie den Sockel in die Fassungskappe und schrauben die Fassungshülse auf.

12. . Schrauben Sie die Fassungen vorsichtig in den Kokosnüssen fest.

13. Nehmen Sie eine Kokosnuss, um die Kabelansätze darin zu verbergen. Sägen Sie eine Nuss entzwei und höhlen Sie diese aus. Bohren Sie in eine der Hälften ein Loch von 2 cm ø und ein Loch von 9,5 cm ø in die andere Hälfte. Sägen Sie aus einem Schalenrest aus Schritt eins einen 2 cm breiten Ring. Kleben Sie Letzteren auf die halbe Kokosnuss mit dem kleinen Loch.

14. Ziehen Sie die 7 Kabel durch die Kokosnusshälfte mit der größeren Öffnung und verbinden Sie die Drähte der selben Farbe mit je einer Lüsterklemme. Schieben Sie 1 m Kabel in die andere Kokosnusshälfte, sichern Sie es mit einer Zugentlastung und verbinden Sie es mit der Lüsterklemme.

15. Um zu vermeiden, dass die Kabel zu sehr an der Lüsterklemme ziehen, fixieren Sie die 7 Kabel mit einem Kabelbinder.

16. Bohren Sie mit einem 2 mm Metallbohrer durch die Kokosnuss und den Ring, dann weiten Sie die Bohrung mit einem 6,5 mm Bohrer auf. Schrauben Sie die Kokosnuss mit kleinen Holzschrauben zusammen.
Hängen Sie die Lampe an der Decke auf!

Sand

Victor Castanera, Designer / Barcelona

Wenn der Designer Victor Castanera über die industrielle Produktion und seine Konsequenzen auf die Gesellschaft nachdenkt, lautet für ihn die Antwort Areniscos. Ein Projekt, das zeigen will, wie sehr die Natur Quelle der Kreativität sein kann "ein Prozess, der die Sinne, Langlebigkeit und Ästhetik verbindet."

DAS OBJEKT WIRD VORSICHTIG AUS DEM SAND GEHOBEN. EINE HANDWERKLICHE PRODUKTION; EINE ERFAHRUNG ZWISCHEN DEM MENSCHEN UND SEINER UMWELT.

DER DESIGNER FORMT DEN SAND DIREKT AM STRAND. EIN UMWELTFREUNDLICHES AKRYLHARZ FÜGT SICH AN DIE FORM DES LOCHS, DAS ZUVOR MIT WASSER GEFORMT WURDE.

Das junge, spanische Talent, Victor Castanera sieht in der Natur eine Quelle für neue Produktionssysteme und Materialien. Für ihn „ist Design der Schlüssel dazu, die Welt zu verändern"..

Tel.: +34 (0)6 64 35 05 53
castanerav@gmail.com
victorcastanera.com

1

2

1. Bei dieser organischen Kollektion sind die Größen, Formen und Farben durch den Effekt der Natur immer wieder neu geformt.

2. *Areniscos:* Ein Produkt mit einer einzigartigen Identität und einer einzigartigen Erfahrung für den Schaffenden...

GEPETTO

DESIGN

Gepetto ist mehr als eine gewöhnliche Garderobe, sie ist ein wahrhaftiges Dekorationsobjekt. Wie ein Bild an der Wand gibt sie Raum für ein Weißbirkenwäldchen im Herzen Ihres Eingangsbereichs.

DESIGN:
JEAN-MARIE REYMOND

GEPETTO

WERKZEUGKASTEN

Werkzeug

- Bohrschrauber + Holzbohrer ø 1,5 cm
- Kappsäge
- Flachpinsel
- Holzleim

Material

- 3 Kiefernbretter (Stärke 2 x Breite 10 x Länge 240 cm)
- 8 Birkenstämme (ø 8 x Höhe 100 cm)
- 1 glatter Rundstab aus Buche (ø 1,6 x 100 cm)
- Selbstbohrende Holzschrauben
- 6 Winkel aus weißem Epoxid (5 x 5 cm)
- Holzfarbe, weiß

Und das Beste: Ein praktisches Regal zum Ablegen der Schlüssel, Post oder Nippes.
Die zarte Palette der Weiß- und Beigetöne der Rinde.

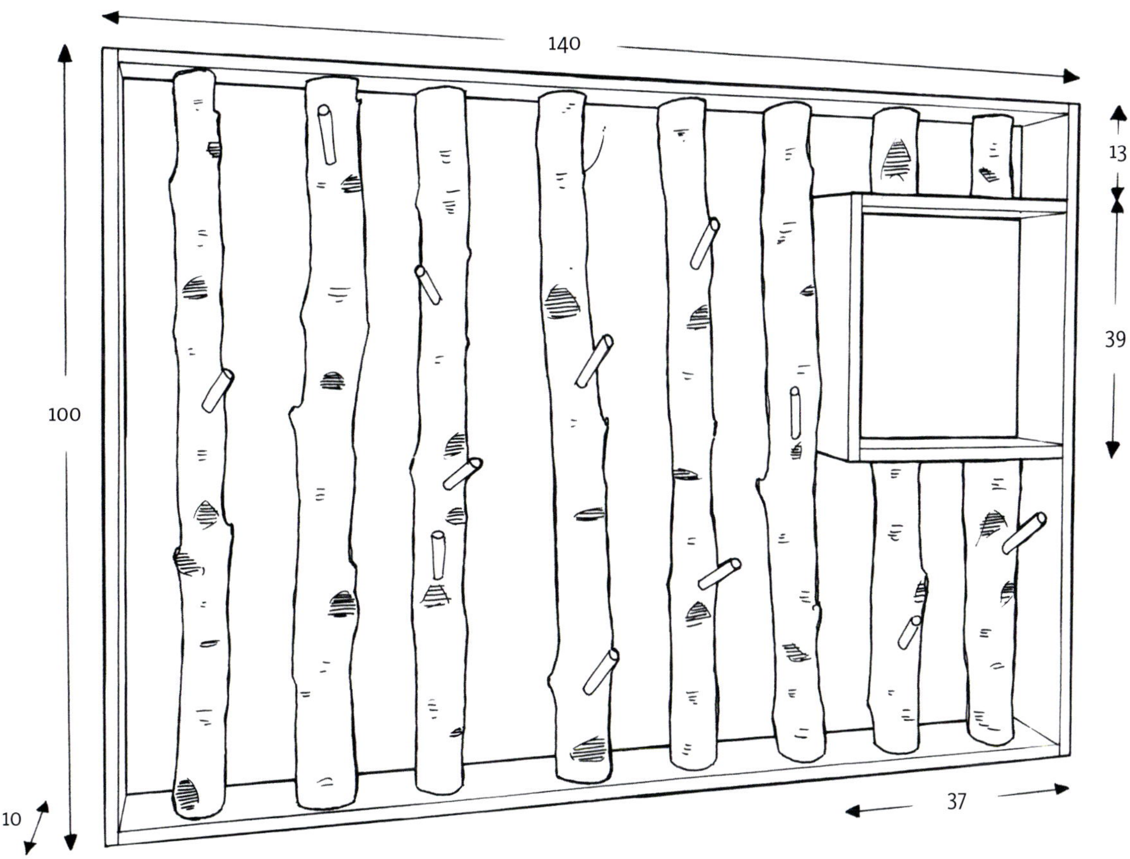

Alle Maße in den Zeichnungen sind in Zentimetern angegeben.

Bauanleitung

1. Sägen Sie die Holzbretter nach folgenden Maßen zu:

- 2 x 136 cm lange Bretter und 2 x 100 cm lange Bretter für den großen Rahmen
- 1 x 39 cm langes Brett und 2 x 35 cm für den kleinen Rahmen.

Streichen Sie jeweils eine Seite der Bretter weiß.

2. Setzen Sie den großen Rahmen, jeweils mit der gestrichenen Seite nach innen, zusammen. Bohren Sie die Löcher vor und senken sie, geben Sie Leim auf das Holz und schrauben Sie den Rahmen zusammen. Achtung: Setzen Sie die 100 cm langen Bretter an die Außenseite der 136 cm langen Bretter.

3. Befestigen Sie den inneren Rahmen an einer beliebigen Seite der Garderobe.

4. Messen Sie die Innenhöhe des großen Rahmens (hier 96 cm) und sägen Sie die Birkenstämme auf diese Länge zu. Führen Sie die Schnitte an beiden Enden gerade durch, damit sie eine ebene Oberfläche haben.

5. Setzen Sie nach und nach die Birkenstämme ein, damit Sie die Abstände festlegen können.

6. Schrauben Sie die Stämme mit 2 bis 3 selbstbohrenden Schrauben zunächst an der Oberseite, dann an der Unterseite an den Rahmen.

7. Sägen Sie aus einem glatten Holzstab 11 cm lange Abschnitte für die Kleiderhaken. Feilen Sie sie konisch auf 4 cm, dann tragen Sie zwei Lagen weiße Farbe auf.

8. Bohren Sie in alle Stämme Löcher mit 1,5 cm ø. Variiren Sie die Anzahl und Höhe.
Halten Sie beim Bohren den Bohrer leicht schräg.
Schieben Sie die Kleiderhaken in die Löcher.
Befestigen Sie die Garderobe mithilfe der Winkel an der Wand.

梦*

DESIGN

Stellen Sie sich einen Alltagsgegenstand vor, der aus Restmaterialien, genauer gesagt aus Holzresten, hergestellt wurde. Stellen Sie sich ein Möbel vor, das auf ursprünglichste Art, ohne Schrauben oder Nägel, zusammengebaut ist.

Das ist *Traum*, drei Stück Holz, aus denen eine absolut zeitgenössische Bank entstand. Ein Möbel für drinnen oder draußen. Sachlich und schlicht.

* „Traum" auf chinesisch

DESIGN:
MARION DAVIAUD

梦

WERKZEUGKASTEN

Werkzeug

- Metallwinkel
- Schwingschleifer (Schleifpapier 50, 80 und 120)
- Stichsäge
- Holzhammer
- Flachpinsel

Material

- 2 Bretter BS-Holz (Leimholz) bzw. anderer Holzrest (Stärke 4 x Breite 41 x Länge 41 cm)
- 1 Eichebalken (Stärke 8,5 x Breite 20 x Länge 105 cm)
- Holzfarbe für den Außenbereich

Und das Beste: Die Einfachheit des Zusammenbaus. Die klaren Linien der Bank.

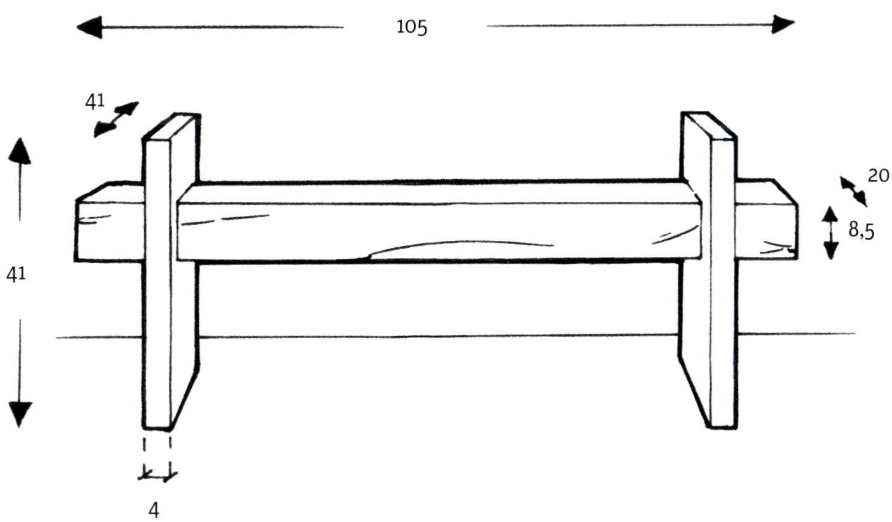

Alle Maße in den Zeichnungen sind in Zentimetern angegeben.

Bauanleitung

1. Schleifen Sie den Eichebalken mit dem Schwingschleifer. Verwenden Sie zunächst ein 50er Schleifpapier, beenden Sie die Arbeit mit 120er Schleifpapier.

2. Nehmen Sie die Maße des Eichebalkens in Breite und Stärke.

3. Übertragen Sie die Maße auf die quadratischen Holzbretter, mit dem selben Abstand nach oben, links und rechts.

4. Zum Aussägen des Ausschnitts bohren Sie in die Ecken der Innenseite der Markierung 2 bis 3 Löcher mit einem etwas größeren Durchmesser als das Sägeblatt der Stichsäge.

5. Führen Sie das Sägeblatt der Stichsäge in die Löcher ein und sägen Sie vorsichtig die Markierung entlang. Schleifen Sie die Kante des Ausschnitts und die Bretter.

6. Der Holzbalken wird in beide Platten geklopft. Verwenden Sie für den Zusammenbau einen Holzhammer und ein Stück Holz. Schlagen Sie vorsichtig auf das Stück Holz und somit die Bretter auf den Balken.

7. Um die klaren Linien der Bank zu unterstreichen, werden nur die Seitenteile der Bank gestrichen. Die Verbindung von weißer Farbe und dem unbehandelten Holz verleiht dem Möbel einen zeitgenössischen Aspekt.

8. Tragen Sie mit dem Pinsel eine Leinöl-Terpentinmischung auf, um den Holzbalken vor dem Ergrauen zu schützen und sein natürliches Aussehen zu bewahren (50:50 Mischung).

Marion Daviaud

Designerin

Marion in 6 Jahreszahlen

- **2005:** Diplom als Schauwerbegestalterin an der CEPRECO in Lille
- **2008:** Gründung ihrer Firma Le Fourbi Créatif de Macha
- **2009:** Umzug in eine neue Region, ein neues Leben und zu neuen Projekten, näher an ihrem Werken.
- **2010:** Bauökologische Renovierung eines Hauses
- **2011:** Beginn einer weiteren Aktivität, sie unterrichtet Shop Design
- **2012:** Geburt ihrer Tochter

Ursprünglich als Schauwerbegestalterin ausgebildet, verlässt Marion nach und nach ihr Fachgebiet, um sich 2008 dem Handwerk und dem Objektdesign zuzuwenden, was zur Gründung ihrer Firma führte. Ihr ursprünglicher Ansatz der Wiederverwertung entwickelt sich zur Öko-Konzeption und wird zu ihrem Markenzeichen. Sie bevorzugt die biologischen und natürlichen Materialien, das Recyceln und regionales Wissen. Marion fertigt hauptsächlich Einzelteile oder auf Bestellung. Eine kreative Philosophie, die sie seit 2011 in Schulungen für Shop Design weitergibt.

„Die Natur ist eine unversiegbare Quelle der Inspiration, mit einem Reichtum an Formen, Materialien, Farben und selbst Konzepten! Das kreative Potenzial ist grenzenlos, da das Aktionsfeld breit gefächert ist. Die Natur ist um uns und in uns. Sie ist ständig gegenwärtig.

Mit natürlichen Materialien zu Arbeiten lädt zum instinktiven Arbeiten mit allen Sinnen ein. Manche Materialien können eigenwillig oder unbezwingbar sein. Die Unregelmäßigkeiten, die ihren Charme ausmachen, können das Bearbeiten erschweren. Man muss sich daher anpassen und darauf achten, das Material seiner Natur entsprechend zu bearbeiten. Materialien sind in der Regel ‚natürlich' schön mit einer interessanten Oberflächenbeschaffenheit. Sie machen die Poesie des Objekts aus.

Man kann sich ebenfalls von den Formen der Natur inspirieren lassen, was mir bei der Lampe Organic gelungen ist. Ein Design, das ganz einfach die lebende Welt symbolisiert..."

Marion Daviaud

6, rue des Pêcheurs – 44140 Remouillé
Tel.: 02 40 06 62 56

contact@lefourbicreatif.com
lefourbicreatif.com

Von links nach rechts: Bambuswald (S. 119), ▪ 梦 (S. 83) ▪ Zephyr (S. 53) ▪ Flechtwerk (S. 131)
Sobreiro (S. 159) ▪ Organic (S. 103) ▪ Triade (S. 145)

ALOHA

DESIGN

Wenn der Garderobenständer für lange Zeit aus der Mode gekommen war, ist er heute, dank der Designer, wieder ein Highlight im Flur. Bei dem Garderobenständer Aloha wird Funktionales mit Ästhetik verbunden. Er ist leicht zu bauen, da er lediglich aus gekreuzten Bambusrohren besteht, die von Kokosschnüren gehalten werden.

Der minimalistische Einsatz von Material harmonisiert vollkommen mit der ökologischen Philosophie.

Aloha grüßt die Natur!

DESIGN:
LES M&M DESIGNERS

ALOHA

WERKZEUGKASTEN

Werkzeug	Material
• Kappsäge oder Metallsäge • Schleifklotz + Schleifpapier mit feiner Körnung • Cutter • Bohrschrauber	• 5 Bambusstangen (ø 4-6 x Länge 295 cm) • Braunes Kokosseil (Knäuel mit 50 m x ø 4 mm) • 4 flache Kantholzreste (mindestens 80 cm Länge) • Holzschrauben • Holzleim • Malerklebeband • Isolierband

Und das Beste: Der minimalistische Einsatz von Material. Die unterschiedliche Beschaffenheit der Materialien, glatt und faserig, schafft eine harmonische Verbindung.

Das Basisgerüst ist auf dem Montageplan auf S. 181 beschrieben.

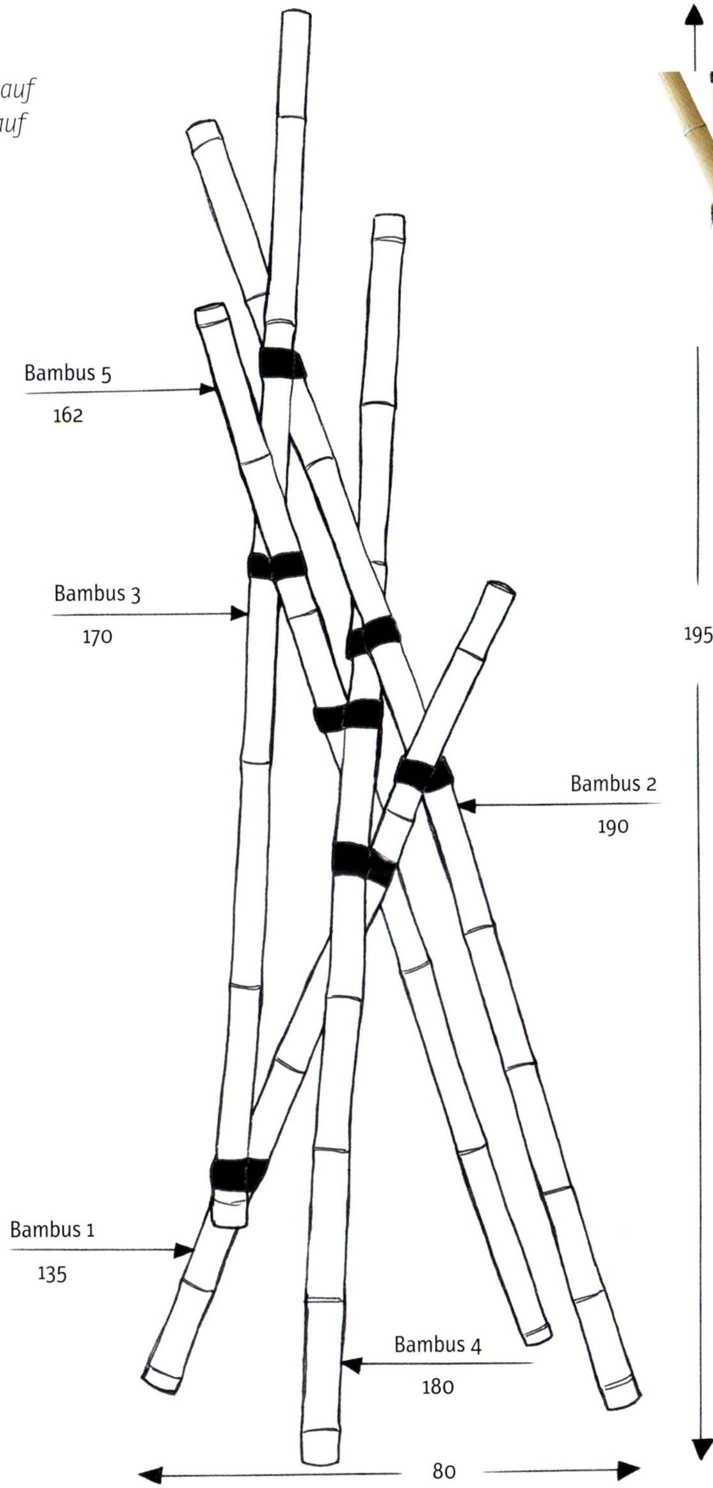

Alle Maße in den Zeichnungen sind in Zentimetern angegeben.

Bauanleitung

1.

2.

1. Sägen Sie den Bambus auf folgende Maße zu : Nr. 1 = 135 cm / Nr. 2 = 190 cm / Nr. 3 = 170 cm / Nr. 4 = 180 cm / Nr. 5 = 162 cm.
Tipp: Sägen Sie immer über einem Abschnittende und umkleben Sie die Stellen mit Klebeband, um zu vermeiden, dass das Holz splittert.

2. Schleifen Sie vorsichtig über die gesägten Enden.

3. Fertigen Sie zwei Schablonen: eine für die Grundstruktur (1 flaches Kantholz) und eine für die Gesamtstruktur (1 Kreuz mit zwei flachen Kanthölzern). Grundstruktur: 1 flaches Kantholz mit 80 cm Länge mit 2 herausragenden Schrauben im Abstand von 60 cm. Gesamtstruktur: 1 Kreuz mit 2 herausragenden Schrauben pro Kantholz von 80 cm, wobei der Abstand zwischen den zwei Schrauben 60 cm beträgt, was dem Abstand der Füße des Garderobenständers entspricht.

4. Legen Sie die erste Schablone (Grundstruktur) entlang einer Wand, dann setzen Sie die 3 Bambusstangen zusammen. Nr. 1 auf Nr. 2, dann Nr. 3 auf die beiden vorhergehenden und kleben Sie sie zusammen (siehe den Montageplan im Anhang S. 181 für die Neigungen).

3.

4.

5. Setzen Sie die erhaltene Struktur aus dem 4. Arbeitsschritt auf die Kreuzschablone. Setzen Sie nun den Bambus Nr. 4 mit Druck auf Nr. 1 und 2 und Bambus Nr. 5 auf Nr. 3 und 4, jeweils auf die Innenseite des im Arbeitsschritt 4 geformten Dreiecks. Umkleben Sie sie nach und nach.

6. Entfernen Sie das Klebeband an einer ersten Überkreuzung zwischen zwei Bambusstöcken und geben Sie etwas Holzleim dazwischen. Klemmen Sie den zuvor mit Kleber eingestrichenen Seilanfang von 5 cm ein und umwickeln Sie die beiden Bambus in mehreren Runden (ca. 2 m Seil).
Tipp: Umwickeln Sie die Seilenden mit Klebeband, damit diese nicht ausfransen.

7. Beenden Sie die Bindung, indem Sie das Ende des Seils zwischen die Umrundungen stecken, dann festziehen.

8. Schneiden Sie das Seil knapp ab und geben Sie etwas Holzleim zwischen das Seil und den Bambus. Wischen Sie den Überschuss mit einem Tuch ab.

5.

6.

7.

8.

DIE EINGETOPFTEN

DESIGN

Mit den Eingetopften lädt sich die Natur in unser zu Hause ein. Kreieren Sie dieses pflanzliche Mobiliar aus alten, aufgearbeiteten Möbeln und ein paar Pflanzen. Verwandeln Sie so einen Beistelltisch in einen kleinen Zimmergarten oder einen Stuhl in einen Blumentopf!

Kakteen, Blumen oder Grünpflanzen, Kreationen, bei denen sich die Pflanzen, zur großen Freude unserer Sinne, mit den Möbeln vereinen.

DESIGN:
JEAN-MARIE REYMOND

DIE EINGETOPFTEN

WERKZEUGKASTEN

Werkzeug

- Lineal und Bleistift
- Stichsäge
- Bohrer
- Exzenterschleifer
- Pinsel: 1 kleine Rolle, 1 Flachpinsel, 1 Sprossenpinsel

Material

- Alte Möbel (Tisch, Nachtisch, Stuhl…)
- Übertopf mit Wasserspeicher (quadratisch, rund…)
- Blumen, Kaktus oder Grünpflanzen
- Tongranulat
- Farbe im Farbton Ihrer Wahl
- Matter, farbloser Lack auf Wasserbasis, feuchtraumgeeignet

Und das Beste: Ein einzigartiges, mit der Pflanze sehr originell gestaltetes Möbel.
So finden alte Möbel auf ganz natürliche Weise eine neue Bestimmung.

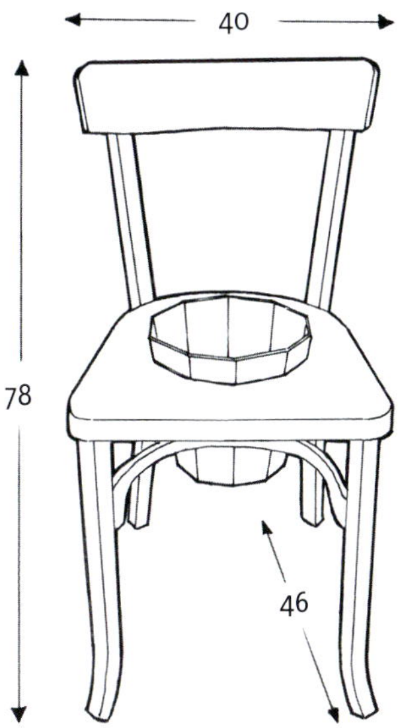

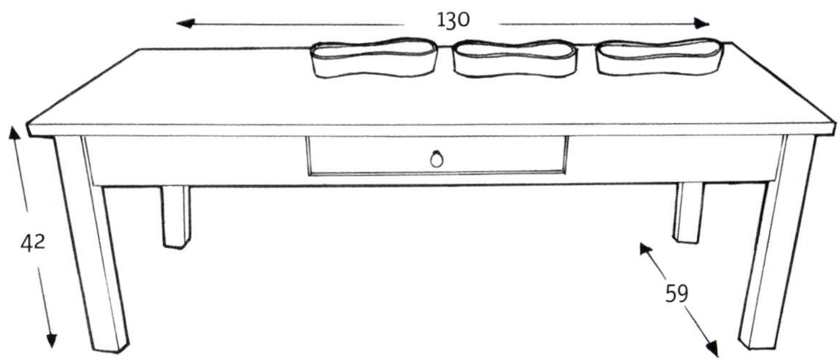

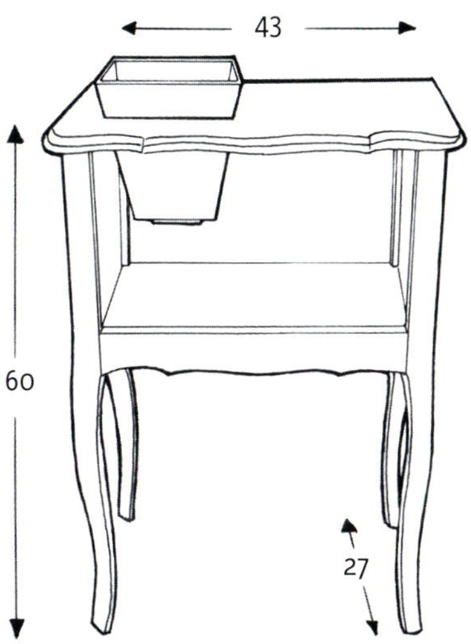

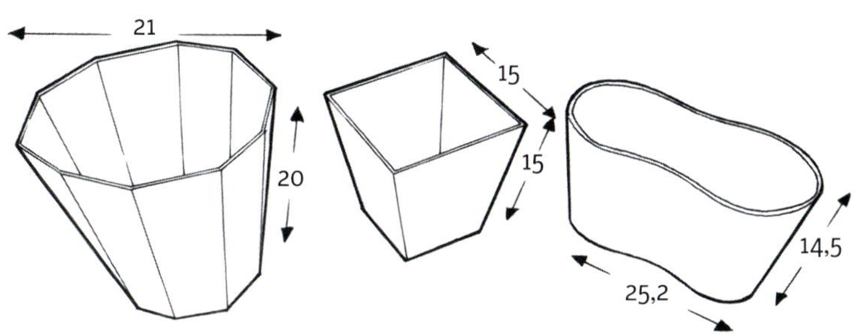

Alle Maße in den Zeichnungen sind in Zentimetern angegeben.

Bauanleitung

1. Bestimmen Sie die Position des Topfes und zeichnen Sie den Umriss auf das Möbel.

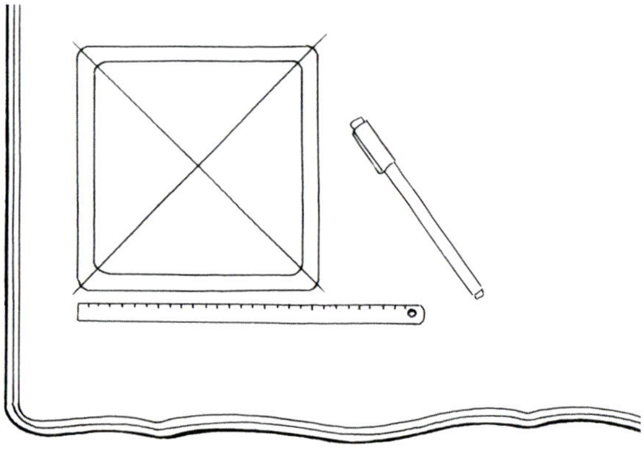

2. Zeichnen Sie eine zweite Markierung mit einem 5 mm kleineren Umriss in das Innere des Ersten, damit der Topf fest im Möbel sitzt.

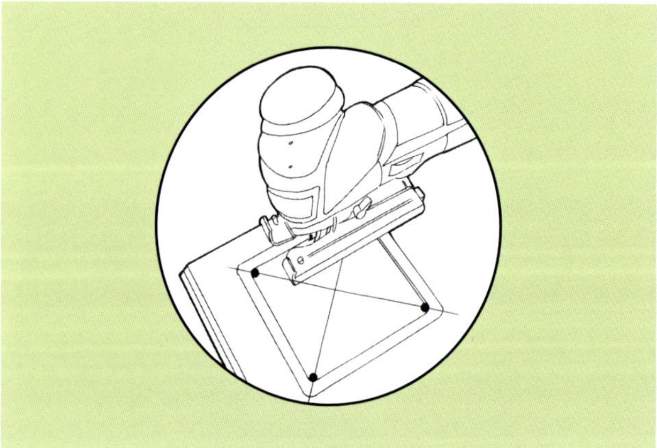

3. Bohren Sie zum Aussägen der Öffnung Löcher mit einem leicht größeren Durchmesser als der des Sägeblatts der Stichsäge, auf die Innenseite der in Schritt 2 erstellen Zeichnung. Führen Sie das Sägeblatt der Stichsäge in die Löcher und sägen Sie vorsichtig aus.

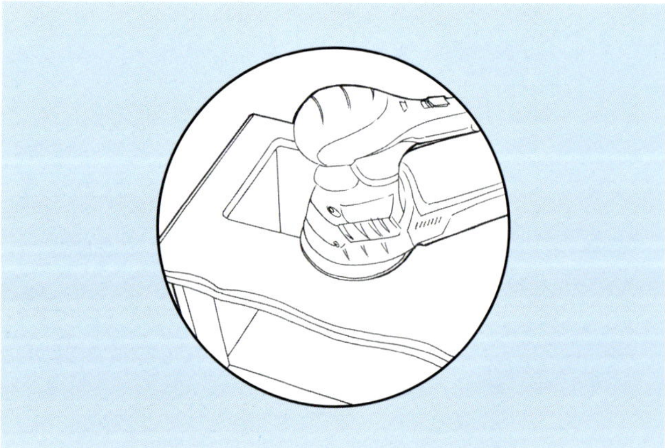

4. Schleifen Sie die Oberfläche mit einem Exzenterschleifer und die schwer zugänglichen Stellen (Füße, Zierleisten, Einkerbungen ...) von Hand.

5. Harmonisieren Sie die Farbtöne für die Möbel mit Ihren Blumen und Pflanzen. So erzielen Sie den schönsten Effekt.

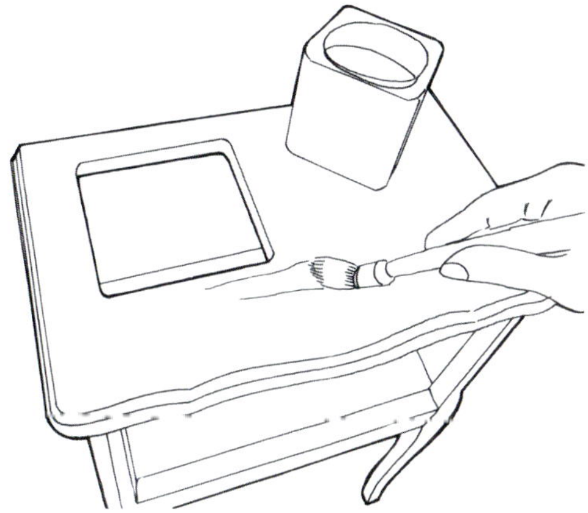

6. Tragen Sie mit dem Pinsel 2 Lagen matten, farblosen, wasserfesten Lack auf. So können Sie die Pflanzen gießen, ohne die Töpfe aus der Halterung zu nehmen und vermeiden, das Möbel zu beschädigen.

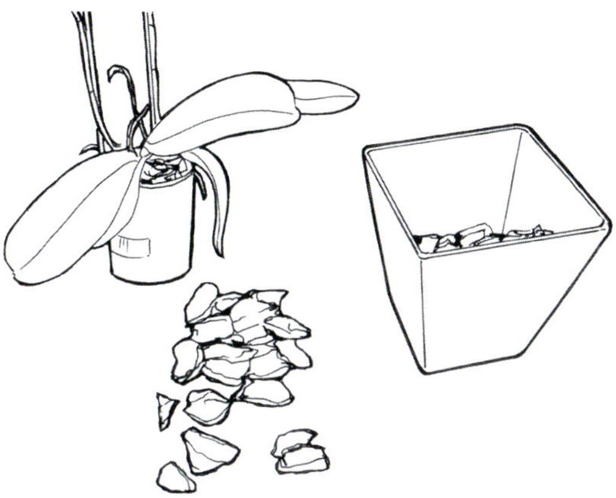

7. Folgen Sie der Pflegeanleitung für Ihre Pflanzen beim Eintopfen, um ein gutes Pflanzenwachstum zu garantieren (Erde, Tonkügelchen, etc.).

ORGANIC

DESIGN

Pate für diese Lampe standen topografische Karten. Die Lampe Organic symbolisiert die Natur nicht durch das verwendete Material, sondern durch ihre Form. Ein geografisches Relief gibt die Linien für die Lampe vor. Aufgehängt verbreitet Organic einen sanften, gedämpften Lichtschein, der sowohl im Schlaf- als auch im Wohnzimmer willkommen ist.

DESIGN:
MARION DAVIAUD

LAMPENBERATUNG:
FALBALA LUMINAIRES

ORGANIC

WERKZEUGKASTEN

Werkzeug

- Stichsäge
- Bohrschrauber (Holzbohrer ø 9 und 16 mm)
- Schleifklotz + Schleifpapier mit feiner Körnung
- Spachtel
- Vorbohrer
- Gabelschlüssel
- Seitenschneider
- Pinsel: Miniroller

Material

- 5 MDF-Platten (Stärke 2 x B. 70 x L. 110 cm)
- Gewindestange (ø 8 mm x L. 100 cm)
- 30 Muttern (ø 8 mm)
- Haken (3 mittelgroße für die MDF-Platten und 3 große für die Decke)
- Holzkitt + weiße Holzfarbe
- 6 Kauschen + 6 flache Drahtseilklemmen
- 3 m Drahtseil (nach Bedarf anzupassen)
- 1 weiße Aufhängung – aus Metall oder Textil (oder in Einzelteilen)
- 1 energiersparendes Leuchtmittel E27 – 10 W

Und das Beste: Der sanfte Schwung der Platten.
Der gedämpfte Lichtschein.

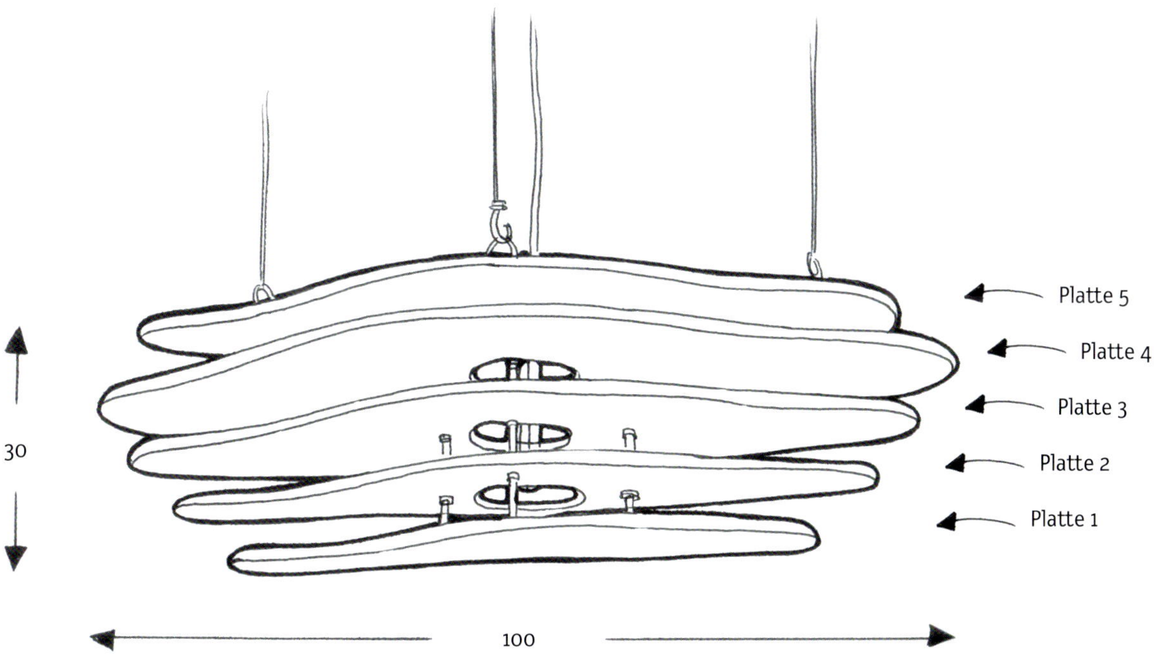

Alle Maße in den Zeichnungen sind in Zentimetern angegeben.

Bauanleitung

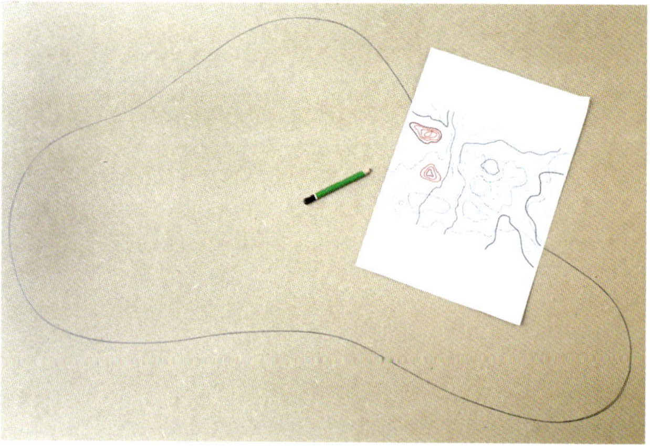

1. Lassen Sie sich von einer topografischen Karte inspirieren und zeichnen Sie die gewählte Form auf die MDF-Platte für Platte Nr. 1.

2. Sägen Sie Platte Nr. 1 aus, dann verwenden Sie sie als Schablone, um die selbe Form in etwas größer auf Platte Nr. 2 zu übertragen. Zeichnen Sie den Umriss Freihand.

3. Zeichnen Sie einen Kreis von 14 cm ø in die Mitte von Platte Nr. 2. Bohren Sie am inneren Rand der Markierung ein Loch mit einem etwas größeren Durchmesser als das Sägeblatt Ihrer Stichsäge. Setzen Sie das Sägeblatt an dem Loch an und sägen Sie den Kreis aus.

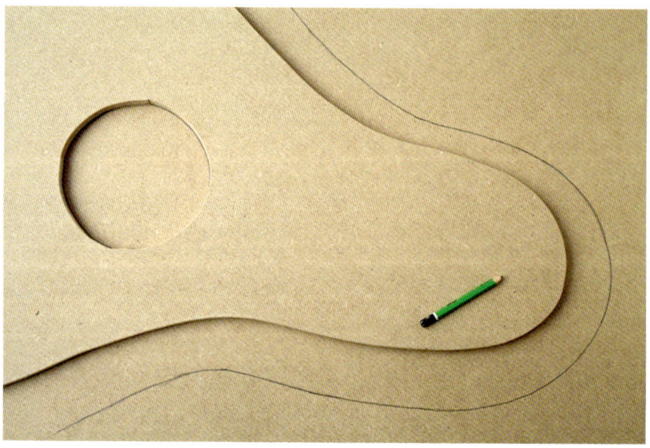

4. Übertragen Sie 2 Mal die Platte Nr. 2, jedoch etwas größer für die Platten Nr. 3 und 4 und einmal gleich groß für die Platte Nr. 5.

5. Bohren Sie für die Gewindestangen (Bohrer ø 9 mm, jeweils 3 Löcher um den Kreis in die Platten Nr. 2 bis 5.

6. Übertragen Sie die Stellen der 3 Löcher auf die sichtbare Seite von Platte Nr. 1. Bohren Sie an diesen Stellen Sacklöcher mit einer Tiefe von 7 mm (keine durchgehenden Löcher zur Aufnahme der Muttern) mit einem 16 mm ø Bohrer. Bohren Sie dann die Löcher für die Gewindestangen mit 9 mm ø durch.

7. Schleifen und streichen Sie alle Platten, außer der sichtbaren Seite von Platte Nr. 1. Geben Sie Holzkitt auf die Muttern.

8. Sägen Sie aus der Gewindestange 3 Teile mit 26 cm Länge.

Bauanleitung

9. Schieben Sie die 5 Platten auf die Gewindestangen, halten Sie jeweils 5 cm Abstand zwischen den Platten.

10. Ziehen Sie die Muttern fest.

11. Verschließen Sie die Löcher der Muttern mit Holzkitt. Geben Sie den Holzkitt mit einem Spachtel in die Löcher. Glätten Sie die Masse. Trocknen lassen.

12. Schleifen Sie mit feinkörnigem Schleifpapier leicht über den Holzkitt, dann tragen Sie zwei Lagen Farbe auf.

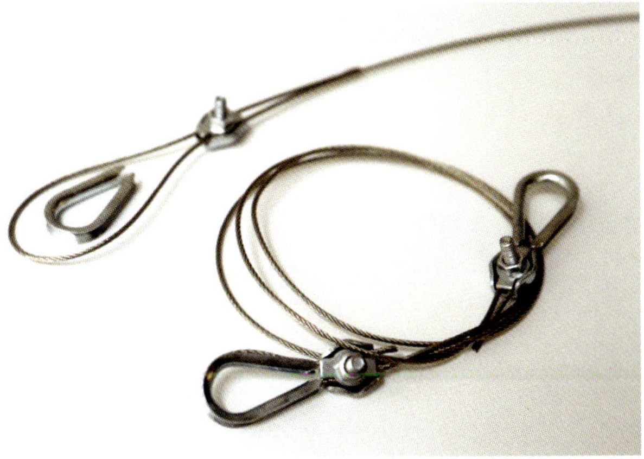

13. Schneiden Sie das Drahtseil in drei gleiche Stücke, dann befestigen Sie eine Kausch und eine Drahtseilklemme an jedem Ende.

14. Bohren Sie mit einem Vorbohrer Löcher vor, dann drehen Sie 3 Schraubhaken zum Aufhängen ein.

15. Die Lampe und die Aufhängung sind voneinander unabhängig. Befestigen Sie die Dübel an der Decke, dann schrauben Sie die Haken, an denen Sie die Kabel aufhängen, ein.

Rattan
Métalobil, Hors-d'œuvre / Nantes

Die Arbeit mit Rattan ist eines der Spezialgebiete der Agentur Métalobil. Die perfekte Kenntnis der Eigenheiten dieser natürlichen Faser ermöglicht Métalobil einzigartige, ästhetische Konstruktionen, bei denen Design und Fachwissen vereint werden. Kreativität, die ständig in Bewegung ist und deren poetisches und plastisches Ergebnis eine ständige Betrachtung unserer Umwelt verlangt.

DIE AUS RATTANSTÖCKEN ZUSAMMENGESETZTEN, ÖFFENTLICHEN BÄNKE FIBRILLES, LADEN DIE BESUCHER ZUM VERWEILEN EIN (EINKAUFSZENTRUM BEAULIEU - NANTES).

DIE TREPPE ORGANIQUE, DIE MIT ENTRINDETEM UND TEILWEISE GEFÄRBTEM RATTAN VERKLEIDET IST, WURDE VOM ARCHITEKTURBÜRO TETRARC ENTWORFEN (ÉCOLES DES ARTS DE SAINT HERBLAIN).

Die Agentur Métalobil wurde 2004 von dem Architekten Matthieu Lebot und dem plastischen Künstler Freddy Bernard gegründet. Métalobil profitiert von dem Zusammenspiel von fundiertem Wissen und erwiesener Kreativität. Métalobil sieht sich als freies Elektron zwischen Ingenieurskunst, Szenografie, Möbelbau und Sonderanfertigungen.

Métalobil
ZA Champ Fleuri
15 rue des Coquelicots – 44840 Les Sorinières
Tel.: +33(0) 2 40 69 56 03
clic@metalobil.fr – metalobil.fr

1

2

1. Le *petit salon d'ecoute*, der kleine Raum zum Zuhören, wurde für den Lieu Unique in Nantes entwickelt. Es ist ein Möbel, das sich ziehen lässt und sich verformt, um sich schließlich mit Raum und Körpern zu verbinden.

2. Windungen, Überlagerungen und Farben – das Spiel des Rattans zieht unsere Blicke auf sich.

VŒU PIEUX
(FROMMER WUNSCH)

DESIGN

Obgleich Holz schon lange als Klassiker unter den Baumaterialien gilt, zeigt es sich bei *Vœu Pieux* in einer neu interpretierten Version: als verbranntes Holz (burnt wood).

Mit dieser Technik besticht der Kerzenständer in intensivem Schwarz, das im Kontrast zu dem unbehandelten Holz an den Spitzen steht. Das Holz wird einer natürlichen Behandlung mit Feuer unterzogen, um einen ganz bestimmten, ästhetischen Effekt zu erzielen. Je nach Holzbeschaffenheit und Intensität der Flamme, kann das Ergebnis variiren.

Verbrannt oder verkohlt, Sie dosieren das Feuer je nach gewünschtem Effekt.

DESIGN:
LES M&M DESIGNERS

STYLING:
ANNABEL GUERET – *EDMOND*

VŒU PIEUX

WERKZEUGKOFFER	
Werkzeug • Kappsäge • Bohrschrauber • Flachfräsbohrer ø 2,5 cm • Kleiner Gasbrenner • Flachpinsel	**Material** • 1 Stock aus Kastanienholz (ø 5 x 160 cm) • Farbloser, matter Lack • Holzdübel (ø 6 mm x 3 cm) • Rosafarbener Farbstift • Holzfarbe (schwarz) Für die Vase: • 1 Birkenstamm (ø 5 x 8 x 150 cm) • 4 Glasröhren mit flachem Boden (ø 2,4 cm x Höhe 10 cm)

Und das Beste: Der Kontrast zwischen dem verbrannten und dem unbehandelten Holz. Größe, Anzahl, Funktion ... ein Design mit vielen Varianten!

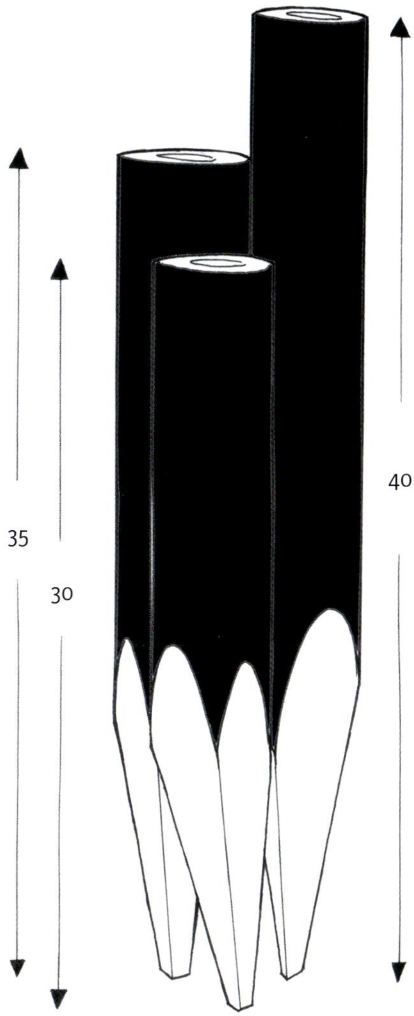

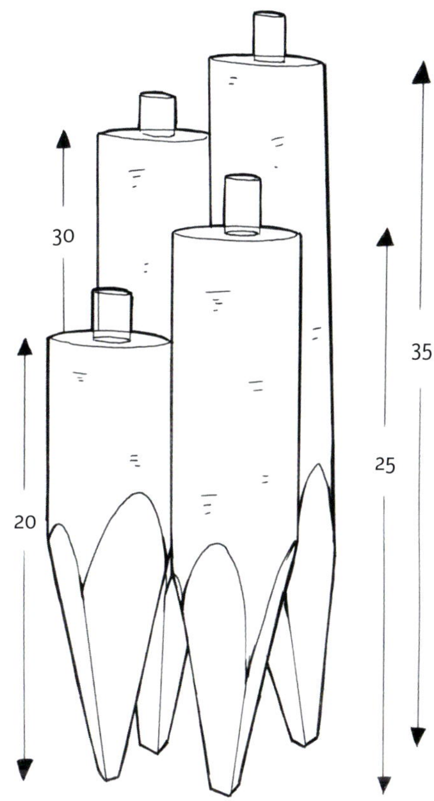

Alle Maße in den Zeichnungen sind in Zentimetern angegeben.

Bauanleitung

1. Brennen Sie die Oberfläche des Kastanienstocks in gleichmäßiger Auf- und Abbewegung mit dem Brenner ca. 2–3 cm vom Holz entfernt, an.

2. Tragen Sie zwei Lagen farblosen, matten Lack auf.

3. Sägen Sie mit der Kappsäge 3 Abschnitte von 50 cm Länge.

4. Spitzen Sie die Stöcke an. Beginnen Sie beim Sägen einer vierseitigen Spitze mit der ersten Seite, dann drehen Sie das Holz um 90° für die zweite Seite usw. Kürzen Sie die Pfähle anschließend auf 30, 35 und 40 cm.

5. Bohren Sie in die Pfahloberseiten jeweils am äußeren Rand ein 4 cm tiefes Loch mit einem ø von 2,5 cm. (Mitte des Lochs 1,8 cm vom Rand).
Tipp: Markieren Sie mit etwas Klebestreifen am Bohrer die Tiefe der Bohrung.

6. Kennzeichnen Sie die Positionen für die Stellen der Holzdübel mit einem Strich, den Sie den Pfahl entlang verlängern.

7. Bohren Sie mit einem Holzbohrer, 7 mm ø, in den 1. Pfahl 2 Löcher auf die in Schritt 6 gezeichnete Linie. Umranden Sie die beiden Löcher mit dem Farbstift, dann drücken Sie den 2. Pfahl fest darauf, um die Markierung zu übertragen. Löcher bohren und die zuvor schwarz gestrichenen Holzdübel einsetzen. Wiederholen Sie den Vorgang mit dem 3. Pfahl.

8. Variante: In der Version aus Birkenholz wird der Pfahl zur Vase. Die Vase wird nach dem selben Prinzip wie der Kerzenständer gefertigt. Nur die Löcher müssen 7 cm tief sein und 1,5 cm Durchmesser haben, damit die Glasröhren hineingeschoben werden können.

HOCKER BAMBUSWALD

DESIGN

Als dekorative Pflanze in unseren Gärten längst etabliert, wird der Bambus seit einigen Jahren zum beliebten Material für Inneneinrichtung und Dekoration. In asiatischen Ländern dient er häufig als Baumaterial (Gerüste, Wasserleitungen ...) und zur Herstellung der meisten Objekte des täglichen Gebrauchs (Stöcke, Geschirr, Möbel ...).

Bambuswald ist eine Hommage an „dieses Gras, das an einen Baum erinnert“.

Gehen Sie in den Wald!

DESIGN:
MARION DAVIAUD

DESIGN UND FERTIGUNG DES KISSENS:
LES COUSETTES DE NANTES

HOCKER BAMBUSWALD

WERKZEUGKOFFER

Werkzeug

- Astsäge + Kappsäge
- Bohrschrauber + Bohrständer
- Kleiner Hammer
- Nähmaschine + Reißverschlussfuß
- Nadeln, Fingerhut und Nähgarn, Stecknadeln ...
- Bleistift oder Kreide
- Lineal
- Pinsel
- 2 Zurrgurte

Material

- 10 Bambusstangen (Länge 250 cm)
- Kabelrolle aus Sperrholz (ø 50 x Höhe 36 cm)
- Nägel
- Holzleim
- 5 m Hanfgurt (Breite 27 mm)
- 5 m Hanfstoff (Breite 150 x Länge 200 cm)
- Jerseystoff: 2 Quadrate mit 60 cm Seitenlänge
- 2 Ösenknöpfe • Kräuselfaden
- Paspel (200 cm)
- Federn aus einem alten Kopfkissen

Und das Beste: Hanf ist das ideale Material für ein natürliches Kissen.
Die aufgereihten Bambusstangen passen zum Design des Poufs.

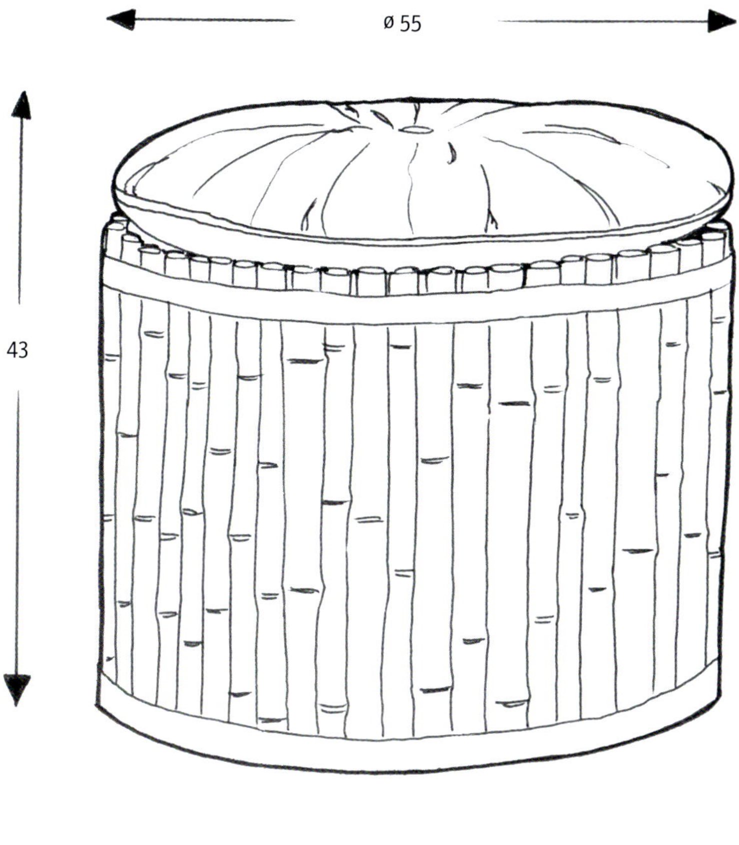

Alle Maße in den Zeichnungen sind in Zentimetern angegeben.

Bauanleitung

STRUKTUR

1. Sägen Sie mit der Astsäge die Zweige des Bambus ab. Die Sägemaße der Bambusstangen entsprechen der Höhe der Kabelrolle + 2 cm.

2. Sägen Sie mit der Kappsäge die 10 Rohre an der vorgesehenen Stelle ab und schleifen leicht über beide Enden.

3. Nehmen Sie Maß und kennzeichnen Sie die Stellen, an denen die Stangen durchbohrt werden, damit sie mit Nägeln am Sperrholz befestigt werden können.

4. Bohren Sie mit einer auf einem Bohrständer befestigten Bohrmaschine den Bambus mit einem 2 mm Bohrer vor. Wichtig: Bohren Sie vollständig durch den Bambus durch.

5. Nageln Sie das untere Ende der ersten Bambusstange fest, prüfen Sie den Winkel mit einem Metallwinkel, bevor Sie das obere Ende festnageln.

6. Verwenden Sie einen kleinen Hammer und nageln Sie vorsichtig, da Bambus leicht splittert. Immer zuerst das untere Ende festnageln, den Bambus ausrichten und dann das obere Ende befestigen.
Tipp: Verwenden Sie dünne Nägel, die länger als der Durchmesser des Bambus sind.

7. Schneiden Sie 2 Stück Hanfgurt ab und geben Holzkleber darauf (die Länge des Gurts entspricht dem Umfang des Poufs).

8. Kleben Sie die beiden Gurte jeweils über die Nägel.

Bauanleitung

9. Spannen Sie einen Zurrgurt über den Hanfgurt, damit der Leim fest angedrückt wird.

10. Stecken Sie Zeitungspapier in die Löcher des Bambus und verschließen Sie diese mit Holzkitt. Glätten und trocknen lassen.

Anleitung

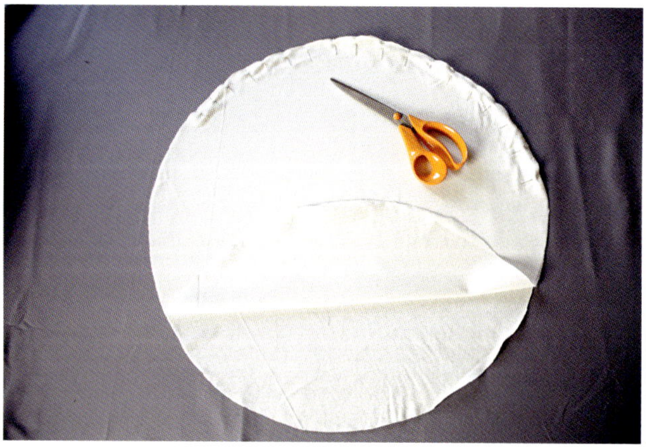

INNENKISSEN AUS JERSEY

11. Setzen Sie 2 Jerseykreise mit 57 cm ø (ø des Poufs + 1 cm Nahtzugabe) rechts auf rechts aufeinander und steppen diese im Zickzackstich 1 cm vom Rand zusammen. Belassen Sie eine 15 cm große Öffnung für die Füllung.

12. Wenden Sie die Arbeit und stopfen Sie das Kissen mit Federn oder einer beliebigen Füllung aus, dann schließen Sie es im Blindstich.

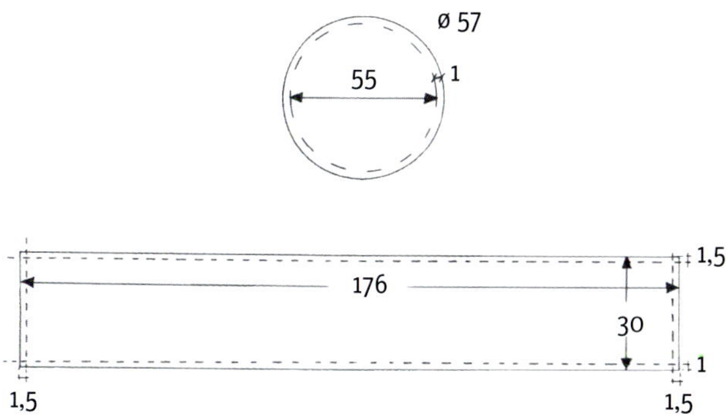

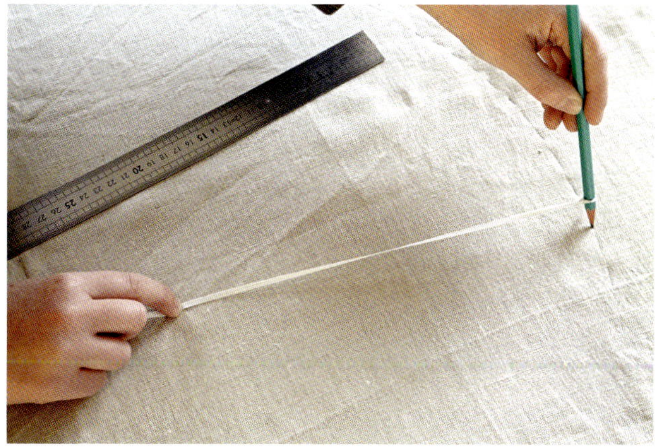

KISSENBEZUG AUS HANF:

13. Nachdem Sie den Stoff gewaschen und gebügelt haben, zeichnen Sie obenstehendes Schnittmuster auf und schneiden es aus. Wichtig: Die Berechnungen werden immer auf der Basis des Durchmessers des Poufs durchgeführt, hier 55 cm.

14. Tipp zum Zeichnen eines Kreises: Verwenden Sie als Zirkel eine Schnur in der Länge des Kissenradius (hier 28,5 cm), die Sie an einem Stift oder einer Kreide befestigen. Halten Sie das andere Ende fest und zeichnen Sie.

15. Falten Sie das Rechteck der Länge nach zur Hälfte und steppen Sie es 1,5 cm vom Rand, um einen Schlauch herzustellen.

16. Nähen den Kräuselfaden im Geradstich 1,5 cm vom Rand an die Oberkante des Schlauchs.

Anleitung

17. Schieben Sie den Stoff auf den Faden und verteilen Sie die Kräuselung gleichmäßig. Verknoten Sie das Garn, dann die Arbeit wenden.

18. Steppen Sie die Paspel mit dem Reißverschlussfuß bündig auf Rechts des Schlauchs.

19. Entfernen Sie zum Schließen der Paspel 2 cm des Schrägbands auf einer Seite, halten Sie dabei die Kordel fest. Führen Sie den Vorgang umgekehrt für die andere Seite durch: Entfernen Sie die Kordel und bewahren Sie das Schrägband. Fügen Sie die beiden Kordelenden zusammen und schlagen Sie das Schrägband darüber.

20. Übersteppen Sie die Paspel, um diese zu schließen.

21. Steppen Sie die Paspel rechts auf rechts auf den Kreis, lassen Sie dabei eine 20 cm große Öffnung. Wenden Sie die Arbeit.

22. Stecken Sie das Kissen in den Kissenüberzug und schließen Sie diesen im Blindstich.

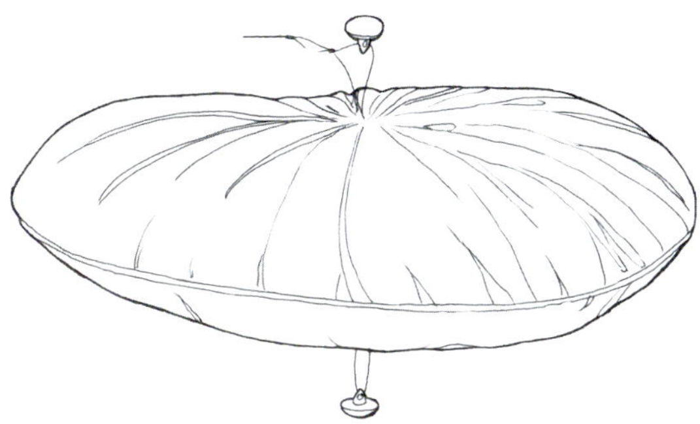

23. Schneiden Sie aus dem Stoff einen Kreis mit dem zweifachen Durchmesser des Knopfes. Ziehen Sie einen Kräuselfaden von Hand 5 mm vom Rand des Kreises ein, kräuseln Sie um den Knopf, dann verknoten Sie die Fadenenden.

24. Fügen Sie die beiden Knöpfe mit einer Kordel und einer Puppennadel zusammen. Beginnen Sie mit dem unteren Knopf und nähen Hin und Her. Befestigen Sie ihn mit einer Schlinge, dann verknoten Sie 2 bis 3-mal den Faden, bevor Sie diesen abschneiden.

Les Cousettes de Nantes
Designerinnen

Les Cousettes in 5 Jahreszahlen

- **2010:** Julia und Tiphaine begegnen sich.
- **2012:** Gründung der Cousettes de Nantes
- **2012:** 1. Pädagogische Begleitung/Ausrichtung der kostümierten Modenschau Léo Lagrange.
- **2013:** 1. Thematischer Workshop "Fertigen einer Jacke".
- **2013:** 1. Bühneneinsatz für die Buttineries de Sainte-Anne gemeinsam mit dem Collcetif Dix.

Eine ist Schneiderin, die andere ist Bühnenbildnerin. Julia und Tiphaine arbeiten beide in der Welt der Kunst und des Schauspiels mit besonderer Vorliebe für das Kino. Berufe, die nach Ansicht der beiden, „eine Verbindung zwischen verarbeiteter und ursprünglicher Materie herstellt und ständig die Sinne stimuliert." Ihr Wunsch, ihr Wissen mit anderen zu teilen, begründete 2012 den Ursprung des Kollektivs *Les Cousettes de Nantes*.

„Seit seiner Entstehung, besteht der Ansatz des Kollektivs darin, Handarbeiten durch Nähen und Inneneinrichtung aufzuwerten. Wir bieten Nähkurse an, Themen Workshops, pädagogische Begleitung und Künstlerprojekte und Workshops in Bühnenbild und Kostüm.

Das Kollektiv bevorzugt die Wiederverwendung von Materialien und natürliche Produkte zur Umsetzung seiner Arbeiten. Der selbe Ansatz, wie bei Naturdesign. Für die Fertigung des Kissens, das perfekt zum Pouf aus Bambus passt, haben wir Hanf gewählt, die resistenteste Pflanzenfaser in der Natur.

Warum? Dieses Material verformt sich nicht und geht beim Waschen nicht ein. Es ist antibakteriell und schimmelabweisend, also ideal für die alltägliche Verwendung. In seiner natürlichen Form und eher neutralem Farbton passt Hanf zu allen Einrichtungsstilen. Das ist offensichtlich ..."

Les Cousettes de Nantes

cousettes44@gmail.com
lescousettesdenantes.overblog.com

KINDERSTUHL FLECHTWERK

DESIGN

Geben Sie einem alten Kinderstuhl ein zweites Leben und verwandeln Sie ihn in ein einzigartiges, originelles Möbel.

Durch das Spannen von Baumwollfäden wird der Stuhl auf ganz persönliche Weise restauriert. Mit dieser sanften Note der pflanzlichen Fasern lädt sich die Natur diskret zu Ihnen nach Hause ein.

DESIGN:
MARION DAVIAUD

STYLING:
ATELIER DU PETIT PARC

KINDERSTUHL FLECHTWERK

WERKZEUGKOFFER

Werkzeug

- Bohrer oder Multifunktionswerkzeug
- Deltaschleifer
- Schleifklotz und Schleifpapier mit feiner Körnung

Material

- Vintage Kinderstuhl
- 10 m Baumwollgarn in der Farbe Ihrer Wahl
- Baumwollwatte
- Bienenwachs
- Polierhandschuh

Und das Beste: Die Verbindung von Recycling und Natur. Eine einfache Idee, kostengünstig und schnell umzusetzen.

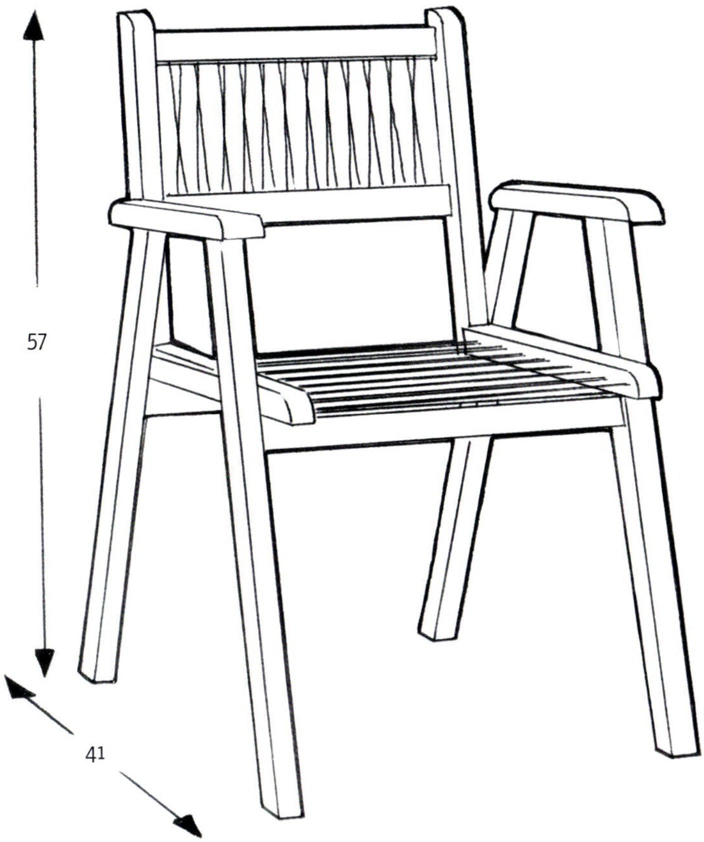

Alle Maße in den Zeichnungen sind in Zentimetern angegeben.

Bauanleitung

1. Montieren Sie die Sitzfläche und die Rückenlehne des Stuhls ab und schleifen Sie diese.

2. Bringen Sie in Zentimeterabständen Markierungen für die Löcher an.

3. Bohren Sie mit einem Multifunktionswerkzeug, z. B. Dremel, die Löcher. Dieses Werkzeug ermöglicht genaues Arbeiten. Die Löcher können auch mit einer herkömmlichen Bohrmaschine gebohrt werden, was jedoch sehr umsichtiges Arbeiten erfordert.

4. Tragen Sie das Wachs mit Baumwollwatte gleichmäßig auf das Möbel auf. Trocknen lassen.

5. Polieren Sie den Stuhl mit einem Spezialhandschuh.

6. Ziehen Sie den Baumwollfaden durch die Löcher. Ziehen Sie fest, damit die Sitzfläche und die Rückenlehne gut gespannt sind.

7. Befestigen Sie den Faden am Ende mit einem einfachen Knoten.

WANDBILDER AUFGEBLÄTTERT

DESIGN

Sobald die Blätter rot und gelb vom Wind vor sich her getrieben werden und schließlich auf dem erdigen Herbstboden liegen bleiben, ist das für uns die Gelegenheit eine Blättersammlung anzulegen. Blättersammlung? Es ist ein vertikaler Garten! Die Neuinterpretation 3.0!

Bühne frei für das Blatt: Collage, Bemalung, Ausschneiden ...

Es eignet sich für zahlreiche Gestaltungsideen, um unsere Wände mit pflanzlichen Bildern zu schmücken. So kann aus einem einfachen Spaziergang im Wald eine poetische Dekoration für Ihr Zuhause entstehen.

DESIGN:
JEAN-MARIE REYMOND

WANDBILDER AUFGEBLÄTTERT

WERKZEUGKOFFER

Werkzeug	Material
• Großes Lineal • Bleistift + Radiergummi • Zirkel • Dünner, schwarzer Filzstift • 2 kleine Pinsel: für Farbe und Lack • Schüssel • Küchentücher • Bohrschrauber	• Verschiedene Blätter • 2 Papierbögen zum Zeichnen (50 x 65 cm x 240g) • Klebepads (z. B. Uhu) • 1 Rahmen 52 x 52 cm • 2 Rahmen 27 x 27 cm • Serviettenkleber • Farbe: 3 Farbtöne Ihrer Wahl

Und das Beste: Die Blättersammlung, ein Klassiker der Natur als originelle Wandbilder. Ein Design, bei dem Sie Ihrer Fantasie freien Lauf lassen können.

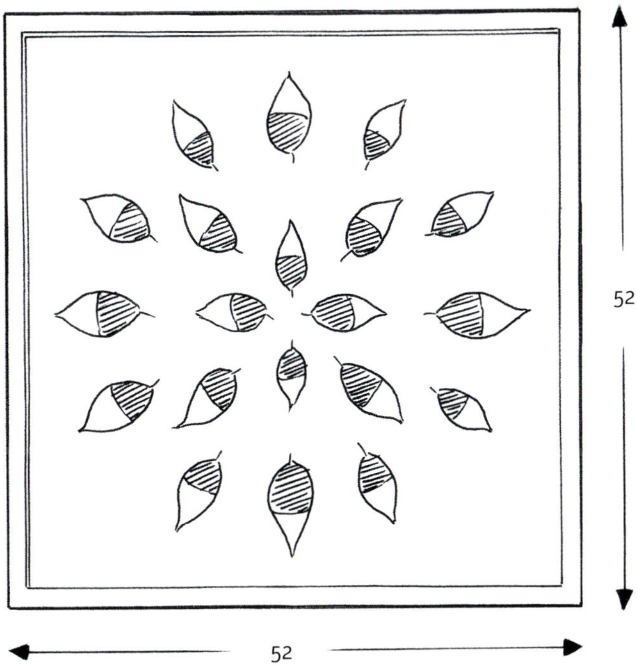

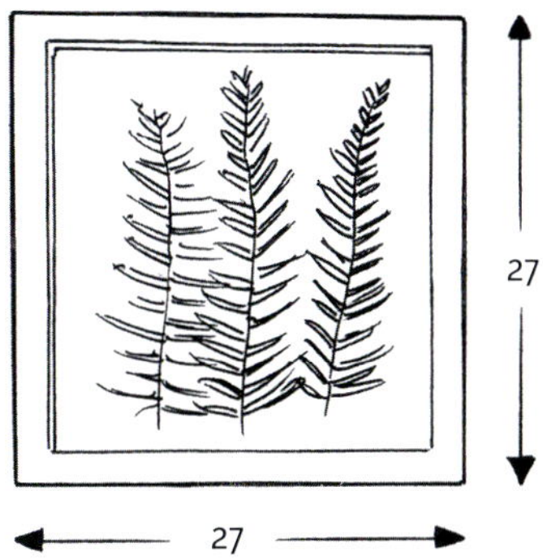

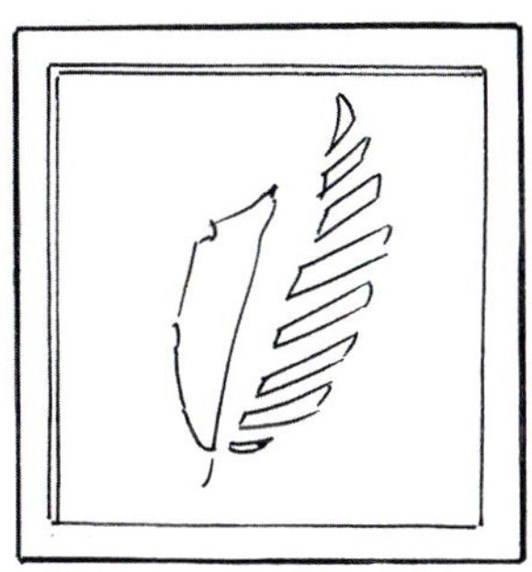

Alle Maße in den Zeichnungen sind in Zentimetern angegeben.

Anleitung

1. Reinigen Sie die Blätter in einer Schüssel Wasser und tupfen sie vorsichtig mit einem Küchentuch trocken. Pressen Sie sie zwischen den Seiten eines dicken Buches.

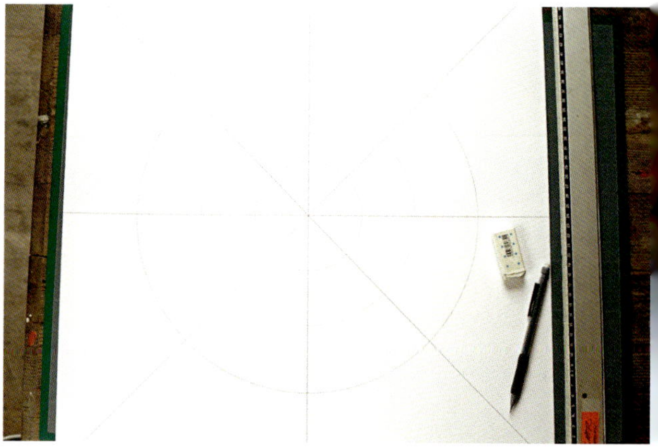

2. Schneiden Sie einen Papierbogen in der Größe 50 x 50 cm aus. Zeichnen Sie die Markierungen für die Stellen der Blätter auf: Zeichnen Sie Mittellinien und Diagonale, dann mit dem Zirkel von der Mitte aus 3 Kreise mit dem Radius 6, 11, 18 cm.
Tipp: Drücken Sie beim Zeichnen nicht zu sehr auf, da Sie die Linien wieder ausradieren müssen.

3. Setzen Sie das Pflanzenbild zusammen und kleben Sie die Blätter mit Klebepads auf die Schablone. Zeichnen Sie mit einem feinen, schwarzem Filzstift den Verlauf der Kreise als Markierung für die Farbe auf die Blätter.

4. Tagen Sie 2 Lagen Farbe im Farbton Ihrer Wahl auf die Blätter auf.

5. Tragen Sie den Serviettenkleber auf die Rückseite der Blätter auf. Radieren Sie die Bleistiftlinien auf dem Zeichenpapier aus, dann kleben Sie vorsichtig die Blätter auf. Trocknen lassen.

6. Nachdem Sie alle Blätter festgeklebt haben, radieren Sie die Bleistiftlinien aus.

7. Tragen Sie eine Schicht Serviettenkleber auf alle Blätter auf.

8. Variante: Spielen Sie mit den Formen und Farben der Blätter, entwerfen Sie Ihre Pflanzenbilder. Zeichnen, kleben und schneiden Sie aus ... Fantasie ist gefragt!

Stroh

Tetê Knecht, Designer / Lausanne

Anlässlich ihres Masters an der Kantonsschule für Kunst in Lausanne hat Tetê Knecht ihr Projekt *Paille* aus einer Serie von Versuchen aus verschiedene Materialmischungen entwickelt. In ihrer Forschungsarbeit hat die Designerin das Material untersucht, die Bewegungen, den Aspekt ... Sie verbindet Stroh mit Latex, schafft ein neues Material und verwandelt es in Objekte.

STROH UND LATEX WERDEN LAGE FÜR LAGE IN EINE FORM GEGEBEN, BIS EINE DICKE HAUT ENTSTEHT. DIE HÄUTE WERDEN AUS DER FORM GELÖST UND FÜR DAS SOFA ZUSAMMENGESETZT.

DAS PROJEKT STROH IST "DIE DARSTELLUNG EINES SCHAFFUNGSPROZESSES, DER UNTER EINSATZ DER HÄNDE, DES BLICKS UND DER SINNE ENTSTEHT. DIE FORM ENTSTEHT AUS DIESEM PROZESS. DAS IST DER URSPRUNG IHRES KONZEPTS.

Tetê Knecht ist in São Paulo geboren. Sie lebt und arbeitet seit 2005 in Lausanne. Nach der Zusammenarbeit mit den brasilianischen Brüdern Campana im Jahr 2000, richtete sie ihre Arbeit auf Recycling von Müll aus, bevor sie sich auf ihre wirkliche Leidenschaft und ihr Markenzeichen spezialisiert hat: das Ausprobieren von Materialen.

ttknecht@bluewin.ch
teteknecht.com

1

2

1. Oktober 2010: 1. Ausstellung in der Galerie Slott in Paris, Anfertigung von Sabot „live".

2. Die Verbindung der Fasern mit dem elastischen Material bewirkt die Spannung und die weiche Beschaffenheit des Poufs.

TRIADE

DESIGN

Mit dieser einfachen Schritt-für-Schritt-Anleitung fertigen Sie diese witzigen Utensilos für Kochlöffel, Stifte oder Pinsel.

Abgesägte Bambusrohre werden mit buntem Bast umwickelt – und schon fertig.

Von Küche bis Büro, Triade bring diskret Farbe in den Raum. Das minimalistische Design garantiert einen maximalen Effekt.

DESIGN:
MARION DAVIAUD

BEISTELLTISCHCHEN BIRKE

DESIGN

In Anlehnung an ein Handwerk aus vergangenen Zeiten, erinnert das Beistelltischchen an die Fertigkeit der Bandreißer, wahrhafte Holzhandwerker, die in den Kastanienwäldern arbeiteten. Das unbehandelte Birkenholz, verbunden mit der lebendigen Form der Pfähle, schafft die bestechende Identität dieses Beistelltischchens.

Neben dem Sofa im Wohnzimmer oder als Nachttischchen am Bett, wird es Ihrer Dekoration keineswegs an Originalität fehlen!

DESIGN:
LES M&M DESIGNERS

STYLING:
ANNABEL GUERET – *EDMOND*

BEISTELLTISCHCHEN BIRKE

WERKZEUGKOFFER	
Werkzeug • Kappsäge • Cutter • Exzenterschleifer • Schwarzes Garn und Nähnadel	**Material** • 6 Birkenstämme (ø 5 bis 8 cm x Länge 200 cm) • 2 Spanngurte/schwarz

Und das Beste: Ganz einfach und rasch zusammenzubauen.
Die Form des Pfahls verleiht dem Design eine starke Identität.

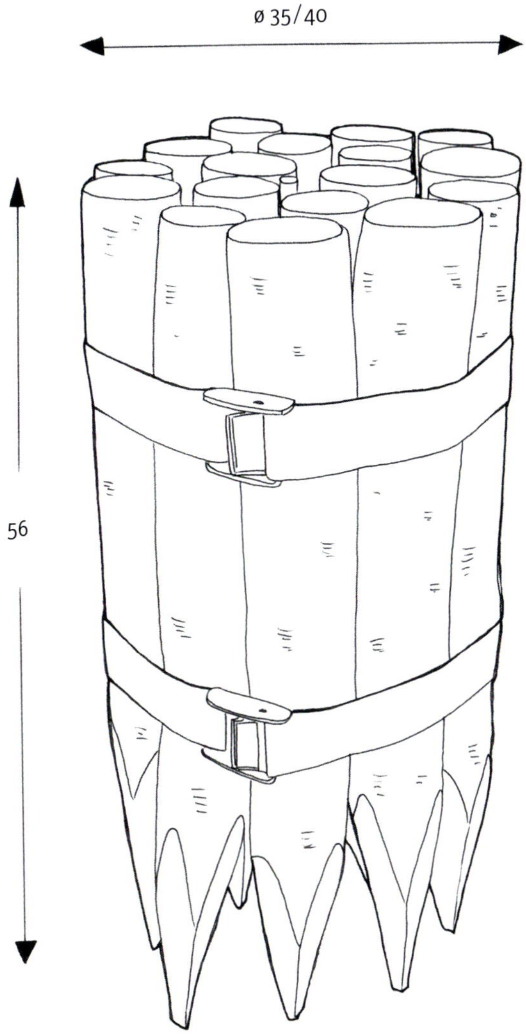

Alle Maße in den Zeichnungen sind in Zentimetern angegeben.

Bauanleitung

1. Sägen Sie die Birkenstämme mit der Kappsäge, in 17 Abschnitte von jeweils 56 cm Länge.

2. Spitzen Sie die Pfähle an. Beginnen Sie beim Sägen einer vierseitigen Spitze mit der ersten Seite, dann drehen Sie das Holz um 90° für die zweite Seite usw.

3. Platzieren Sie die Pfähle nebeneinander, dann ziehen Sie nach und nach die Gurte fest zu.

4. Schneiden Sie das übrige Band mit dem Cutter ab.

5. Brennen Sie das Ende des Gurts ab, damit dieses nicht ausfranst.

6. Steppen Sie im Vorstich den Überstand des Gurts fest.

7. Drehen Sie den Tisch um und schieben Sie zwischen die Pfähle ein paar Holzreste aus Schritt 2, um die Pfähle zu fixieren.

8. Schleifen Sie die Oberfläche des Tischchens.

Les M&M Designers
Martin Lévêque & Mathieu Maingourd

Martin & Mathieu in 7 Jahreszahlen

- **1999:** Zusammentreffen an der Hochschule für Design ESAA in Troyes.
- **2002:** Mathieu arbeitet für Christian Dior und Céline.
- **2006:** Martin zieht nach Brüssel und arbeitet mit dem Designer Xavier Lust.
- **2008:** Gründung von Do Pirate (alternative Designproduktion DIY) für Mathieu.
- **2010:** Künstlerischer Einsatz von Martin in Sevilla für die Agentur Recetas Urbanas des Architekten Santiago Cirugeda. Mathieu arbeitet freiberuflich.
- **2012:** Mathieu entwickelt im Ausland Spiele für Schüler einer Schule im Senegal.
- **2013:** Gründung des Kollektivs "Libre Objet" (Überlegung über das Objektdesign Open Source).

Nantes-Brüssel, die Entfernung hat die M&M Designers nicht davon abgehalten sich regelmäßig zu treffen, um gemeinsam Projekte umzusetzen. Das Duo arbeitet mit einem multidisziplinarischen und weit gefächertem Ansatz, bei dem die Grenzen des Designs zu ihrem Spielplatz werden. Sie teilen die selbe Philosophie, „die künstlerische Gestaltung, das Technische und Menschliche" bilden das Herzstück ihrer Designs. Ihr umweltbewusster und gesellschaftlicher Ansatz rühmt die ästhetische Einfachheit.

„Natürliche Materialien sind sehr ausdrucksstark. Man muss sie zeigen." Material, Form, Zusammenbau ... Wir versuchen immer, mit den Objekten eine Geschichte zu erzählen, von der Entwicklung bis zur Namensgebung!

Für dieses Buch haben wir natürliche Verbindungen mit Bändern und Kokosseilen bevorzugt, wie für Aloha oder auch das verbrannte Holz als Alternative zur traditionellen Farbe für Vœu Pieux. Nur das Beistelltischchen ist mit den schwarzen Gurten auf Konfrontation zwischen dem Natürlichen und dem Künstlichen aus.

Wir wollten das Holz nach Art der früheren Bandreißer (aus dieser Gegend kommt Martin), auf sehr natürliche Art bearbeiten, wie man bei den Pfählen sieht. Man muss die Materialien so annehmen, wie sie sind und das Beste daraus machen. Unsere erste Sorge gilt der Form, der Struktur und dem Materialaspekt, um schließlich die richtige Verwendung dafür zu finden.

„Von der Land Art der Bandreißer, dem Stil der Brüder Campana, von Mario Merz und der Musik, schöpfen wir aus unterschiedlichen Quellen der Inspiration, die unsere Kreativität mannigfaltig beeinflussen. Ansehen, hören, wissen, beobachten ... Von der Form einer Schneeflocke bis zum Sandkorn schafft unsere Umwelt unseren Alltag."

Martin Lévêque
44, rue Eeckelaers – 1210 Bruxelles, Belgique
Tel.: +32 (0)4 85 78 55 19
martinlvqe@gmail.com – be.net/martinleveque

Mathieu Maingourd
math_ology@hotmail.com
be.net/math_ology
dopirate.free.fr

Von links nach rechts: Aloha (S. 91) • **Vœu pieux und Pensée pieuse** (S. 112) • **Beistelltischchen** (S. 151) • **Sunrise** (S. 67)

SOBREIRO*

DESIGN

Seit einigen Jahren wird Kork nicht nur zum Verschließen von Weinflaschen oder zum Isolieren von Häusern verwendet. Vom Nützlichen wird er zur dekorativen Verkleidung von Möbeln und Objekten.

Die Designer wetteifern in puncto Kreativität miteinander, um natürliche und haltbare Möbel aus diesem Material zu entwickeln.

Seine Beschaffenheit, Farbe und Weichheit beleben mit Leichtigkeit das Licht von *Sobreiro*.

* „Korkeiche" auf Portugiesisch

DESIGN:
MARION DAVIAUD

CONSEILS LUMIÈRE:
FALBALA LUMINAIRES

SOBREIRO

WERKZEUGKOFFER

Werkzeug

- Stichsäge + Metallsäge
- Bohrschrauber
- Schleifklotz und Schleifpapier mit feiner Körnung
- Elektrikerschraubenzieher
- Abisolierzange
- Zwingen
- Zirkel und Metalllineal
- Metalllineal
- Inbusschlüssel
- Nähnadel
- Pinsel: Kleine Rolle und kleiner Flachpinsel

Material

- Korkrolle (Stärke 2 mm x Breite 52 cm)
- 4 m rotes Textilkabel + Elektrozubehör (Zugentlastung, Fassung E14, Lüsterklemmen)
- 3 energiesparende Leuchtmittel E14 – 9 W
- 6 Lampenschirmrahmen ø 15 cm (3 einfache Kreise und 3 für die Aufnahme von Fassungen)
- Holzfarbe (Roter Farbton)
- Aluminiumrohr ø 8 mm x Länge 100 cm
- 1 Klemmleiste 1,3 cm
- 3 Scheibennippel aus Messing ø 2,5 cm
- 1 MDF-Platte (Stärke 1 x Breite 60 x Länge 80 cm)
- Nylonfaden oder weißes Garn
- Spachtelmasse für Kork + extrastarker Kleber

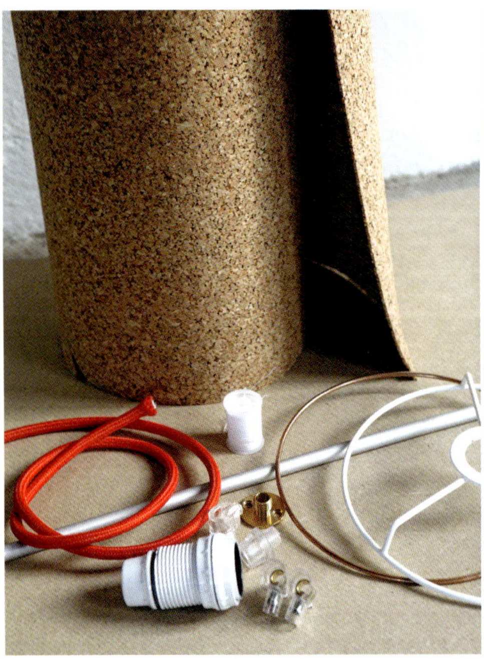

Und das Beste: Ein 100 % natürliches, recycelbares Material, ein dekorativer Aspekt ohnegleichen. Das Lichtspiel, das durch den perforierten Kork fällt.

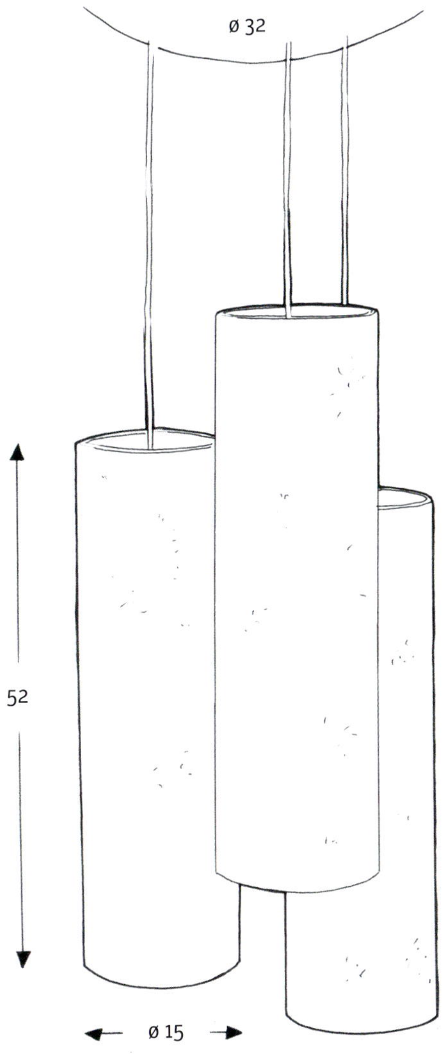

Alle Maße in den Zeichnungen sind in Zentimetern angegeben.

Bauanleitung

1. Schneiden Sie von der Korkrolle drei 50 cm lange Stücke ab, die Maße entsprechen dem Umfang der Lampenschirmrahmen + 2 cm Zugabe.

2. Tragen Sie eine Schicht Farbe auf eine Seite auf. Achtung: Dünner Kork ist leicht perforiert, Sie müssen daher ohne Druck streichen, damit Sie das Material nicht durchstoßen.

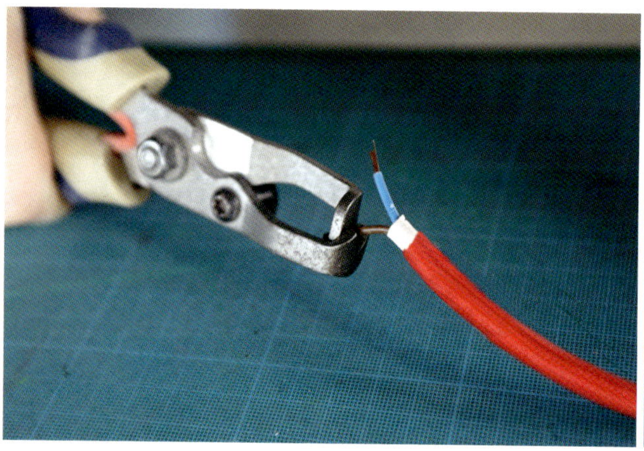

3. Teilen Sie das Textilkabel in 3 Stücke, zum Anbringen der Fassungen. Nachdem Sie das Kabel abgezogen, geklebt und dann das Kabel abisoliert haben (nach den Schritten 7 und 9 des Modells Sunrise, S. 71–72), führen Sie die Abisolierung der elektrischen Drähte auf 5 mm mit einer Abisolierzange durch.

4. Schrauben Sie die Zugentlastung an die Lampenfassung, dann ziehen Sie das Kabel durch. Stecken Sie die Kabel in die Anschlussklemmen und ziehen Sie sie mit einem Elektrikerschraubenzieher an. Stecken Sie die Fassung in die Kappe und schieben die Hülse darüber.

5. Als Baldachin, um die Kabel an der Decke zu verbergen, wird eine Platte aus MDF und Metallrohre als Abstandshalter verwendet. Einen Kreis von 32 cm ø aus der MDF-Platte sägen und abschleifen.

6. Zeichnen Sie Markierungen für die Durchführungen der Kabel und die Befestigungsschrauben an der Decke auf die Platte. Orientieren Sie sich an den schwarzen Kreuzen und den roten Sternchen auf dem Foto.

7. Bohren Sie Löcher dem Durchmesser Ihres Kabels entsprechend und passend zu Ihren Schrauben. Senken Sie auf der anderen Seite die Bohrlöcher für die Schrauben, um die Schraubenköpfe später einzupassen.

8. Zeichnen Sie 2 cm vom Rand der Korkplatte einen Strich und lassen Sie das andere Ende über die Markierung lappen. Fixieren Sie es mit Zwingen.

Bauanleitung

9. Geben Sie Spachtelmasse für Kork auf die gesamte Länge des Schlauchs.

10. Ziehen Sie mehrere Fäden entlang des Schlauchs ein, verknoten diese und geben Sie einen Tropfen transparenten Kleber auf die Knoten.

11. Sägen Sie aus dem Aluminiumrohr 3 Teile von 3 cm Länge für die Abstandsstücke. Achtung: Stimmen Sie die benötigten Längen von Röhrchen und Schrauben aufeinander ab, da die Schrauben für guten Halt in den Dübeln genügend weit aus dem Röhrchen ragen müssen.

12. Befestigen Sie die Scheibennippel an den Stellen für die Kabeldurchführungen und schrauben Sie die Zugentlastungen auf.

13. Setzen Sie die Lampenschirmrahmen 5 cm vom Rand ein, dann befestigen Sie diese mit 4 einfachen Knoten am Schlauch. Wiederholen Sie den Vorgang für die untere Seite. Schrauben Sie die Glühbirnen ein. Warnung: Kork ist feuerbeständig und schwer entflammbar, achten Sie jedoch darauf, keine zu starken Glühbirnen zu verwenden, um das Material nicht zu sehr aufzuheizen. Vermeiden Sie klassische Glühlampen und Halogenlampen.

14. Ziehen Sie 3 rote Kabel in den Baldachin aus MDF, dann regulieren Sie die Höhen, bevor Sie die Zugentlastung mit dem Inbusschlüssel anziehen.

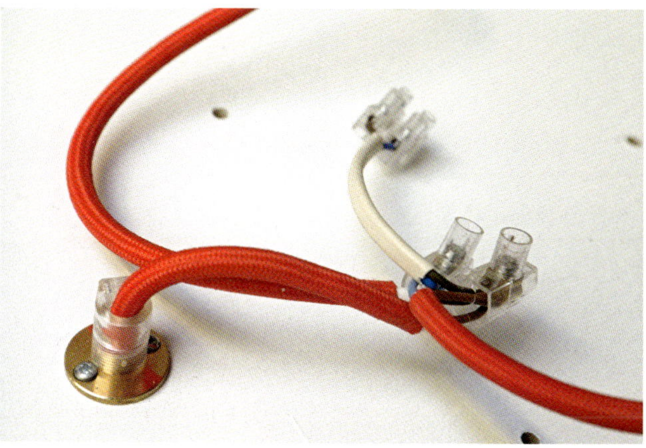

15. Führen Sie die Kabel der selben Farbe in je einer Lüsterklemme zusammen und ziehen die Schraube fest an, um einen sicheren Kontakt herzustellen. Befestigen Sie an der Lüsterklemme ein weiteres Kabelstück mit Leuchtenklemmen für den elektrischen Anschluss an der Decke. Achtung: Die Lüsterklemme muss für mehrere Kabel ausgelegt sein.

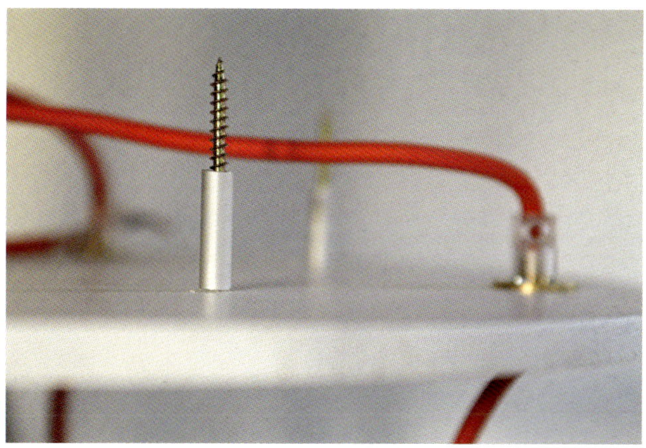

16. Befestigen Sie den Baldachin aus MDF an der Decke mit den in die Abstandshülsen eingesetzten Schrauben.

BALANCELLE

DESIGN

Lassen Sie sich für dieses attraktive Hängeregal vom Prinzip einer Schaukel inspirieren. Verwenden Sie unbehandelte Eichenbretter, neu oder bereits gebraucht. Erhalten Sie das unregelmäßige Aussehen der Bretter, damit der authentische Charakter des Holzes bestehen bleibt.

In Verbindung mit dem Hanfseil setzt Balancelle 100% auf Natur!

DESIGN :
AURÉLIE DROUET

BALANCELLE

WERKZEUGKOFFER

<u>Werkzeug</u>

- Lineal
- Kreissäge
- Bohrschrauber
- Schraubzwingen
- Exzenterschleifer
- Wasserwaage

<u>Material</u>

- 3 große, unbehandelte Eichenbretter (Stärke 3 x Breite 45 x Länge 120 cm)
- 16 m Hanfseil ø 1,2 cm (Ihrem Regal anzupassen)
- 4 geschlossene Rundhaken aus verzinktem Stahl (ø 2,5 cm)
- + Dübel zum Aufhängen

Und das Beste: Holz und Hanf, ein 100% natürliches Design. Die luftige Transparenz dieses Hängeregals.

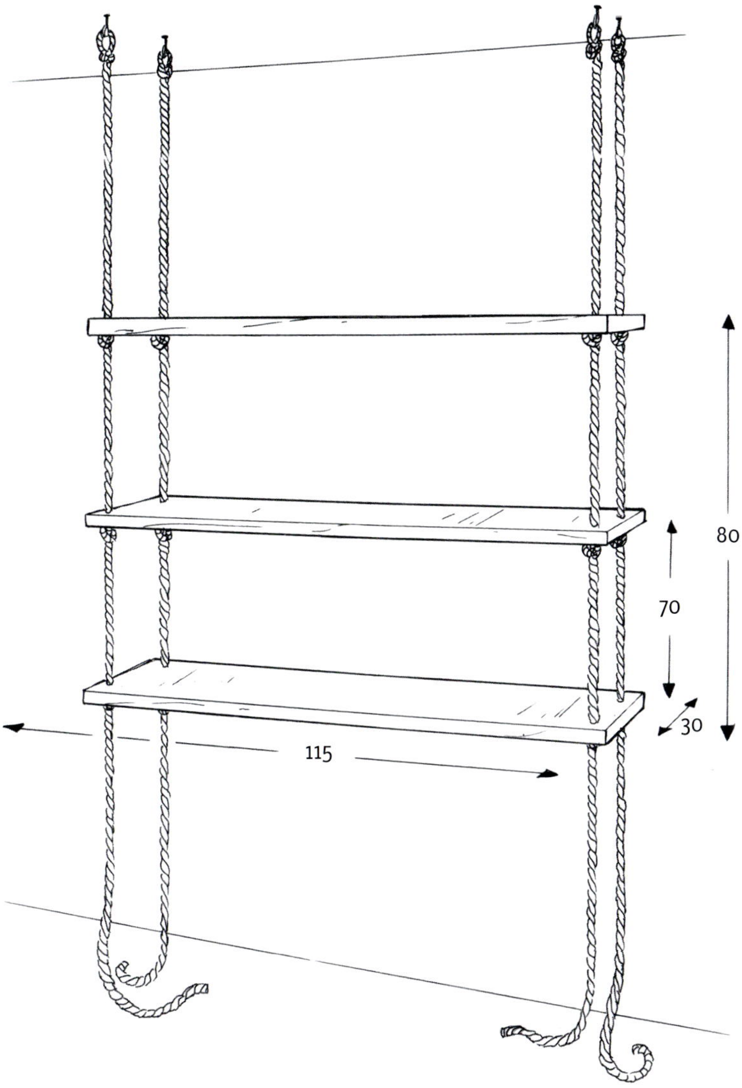

Alle Maße in den Zeichnungen sind in Zentimetern angegeben.

Bauanleitung

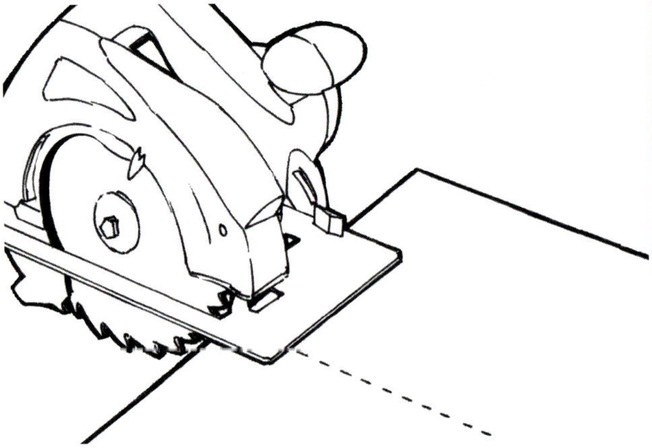

1. Messen und sägen Sie die Bretter gemäß den auf der Skizze angegebenen Maßen. Bretter mit unbearbeiteten Kanten erhalten Sie am besten direkt beim Sägewerk. Sehen Sie für dieses Design ein Brett pro Regalfach vor.

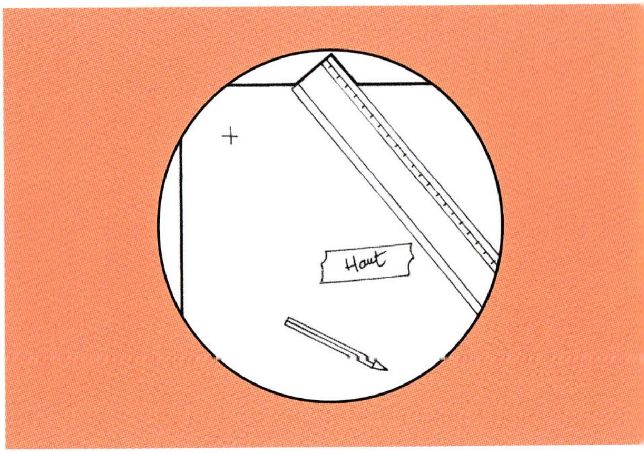

2. Zeichnen Sie 4 Markierungen für die Durchführungen der Seile, ca. 3,5 cm vom Rand entfernt, auf einem ersten Brett ein.

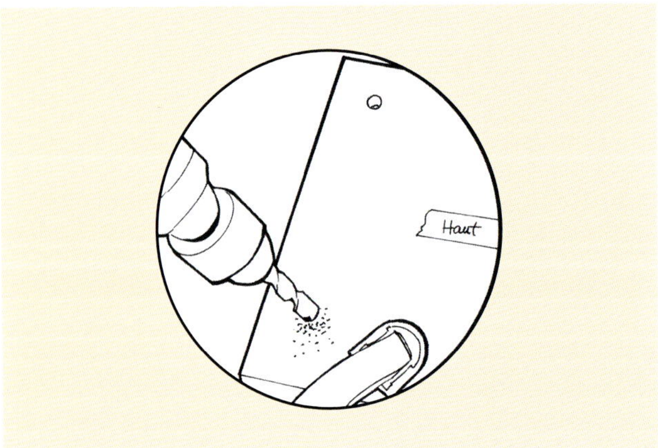

3. Bohren Sie die Löcher mit einem Holzbohrer, im Durchmesser etwas größer als dem des Seils, hier ø 1,5 cm. Dieses Brett dient als Vorlage für die folgenden Bohrungen.

4. Setzen Sie ein zweites Brett genau unter die Vorlage und befestigen Sie es mit Schraubzwingen. Bohren Sie die Löcher und wiederholen Sie den Vorgang mit dem letzten Brett.

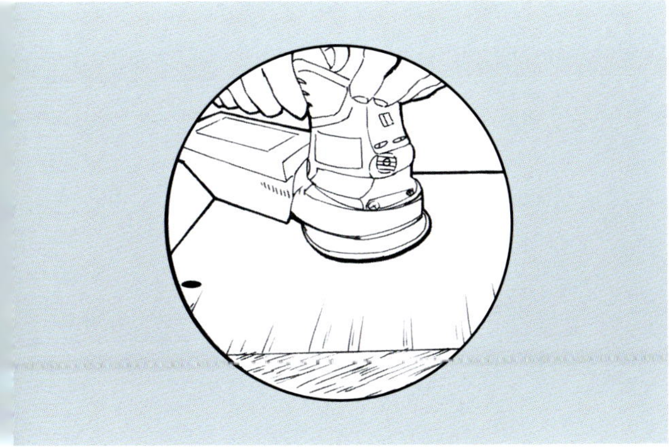

5. Schleifen Sie nur leicht über die Bretter, um den Effekt des unbehandelten Holzes beizubehalten.

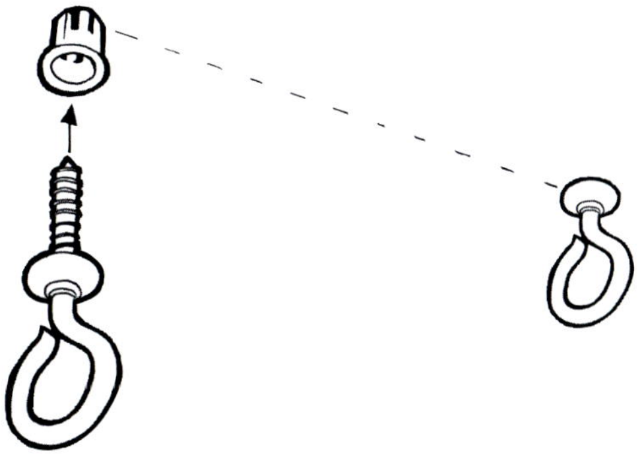

6. Zeichnen Sie die Markierungen für die Rundhaken an die Decke und befestigen Sie diese mit geeigneten Dübeln. Achtung: Wenn die Bretter gegen die Wand schlagen, überprüfen Sie den Abstand zwischen der Wand und den Rundhaken.

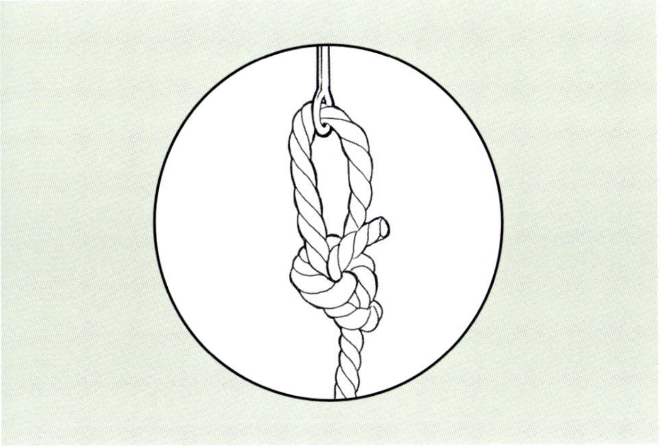

7. Teilen Sie das Seil in 4 gleiche Stücke und knoten Sie es fest an den Rundhaken beispielsweise mit einem Palstek.
Tipp: Umkleben Sie die Seilenden mit Klebeband, damit sie nicht ausfransen und sich leichter in die Löcher fädeln lassen.

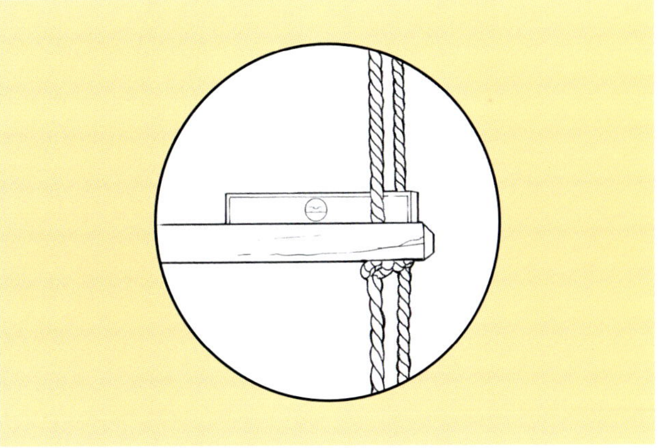

8. Ziehen Sie die 4 Seile durch das erste Regalbrett und stellen Sie die Höhe ein. Überprüfen Sie mit einer Wasserwaage, ob das Brett gerade ist, bevor Sie die Knoten zuziehen. Verfahren Sie für die anderen Regalbretter ebenso. Für die korrekte Ausrichtung der Bretter arbeitet es sich zu zweit besser.

Kork

Antoine Phelouzat, Designer / Paris

Wo Tradition auf Design trifft, entsteht die Kollektion Liège. Vom Hocker Buto bis zu den Körben Cork & Craft, Möbel und Objekte, die durch ihre Leichtigkeit und Stabilität bestechen. Antoine Phelouzat möchte mit diesem Material überraschen und gleichzeitig Fragen aufwerfen: „Der Kontakt mit dem Material und zu all jenen, die damit Arbeiten ist für mich von großer Bedeutung. Neben der Tradition interessiert mich vor allem die Entwicklung des Wissens."

VOM TRADITIONELLEN MELKSCHEMEL DES KUHHIRTEN INSPIRIERT WIRD DAS SITZEN ZUM BALANCEAKT. DER FUSS DES 'EINBEINIGEN' WURDE FÜR BESSERE STANDFESTIGKEIT MIT STAHL BESCHWERT.

AUS KORK HERGESTELLT, BEWEISEN DIE RUNDEN UND GROSSZÜGIGEN FORMEN DER OBJEKTE CORK&CRAFT GROSSE HANDWERKSKUNST.

Nachdem er mit dem Londoner Studio Brinkworth Design Ltd, Tom Dixon und der Agentur Noé Duchaufour-Lawrence gearbeitet hatte, gründete Antoine Phelouzat im Jahr 2005 sein Studio für Design. Seine Anfertigungen spiegeln seine Nähe zum Design wider: „Ein Objekt muss ein Vektor des Wertes und des Wissens sein. Es muss ansprechen und die Neugierde wecken. Ein Produkt ist interessant, wenn es unterschiedliche Verständnisebenen dafür gibt."

Antoine Phelouzat
208, rue Saint-Maur – 75010 Paris
Tel.: +33(0)6 87 80 02 49 – antoine@ant-1.com – antoinephelouzat.com

1

2

1. Hergestellt durch Agglolux-CBL in den Landes, herausgegeben von der Gallery S. Bensimon.

2. Die Materialien: gepresster Kork und Stahl.

ANHANG

Nebenstehend: Die Vase *Pensée pieuse*, entworfen von den M&M Designers.

HÄKELKURS – GRUNDTECHNIK

Luftmasche (Lm)

Schlagen Sie den Faden über die Häkelnadel * (1), dann ziehen Sie ihn durch die Masche (2) um eine Luftmasche zu erhalten (3).

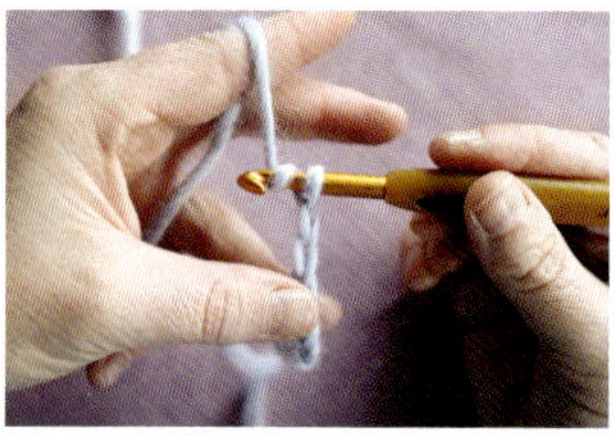
1.

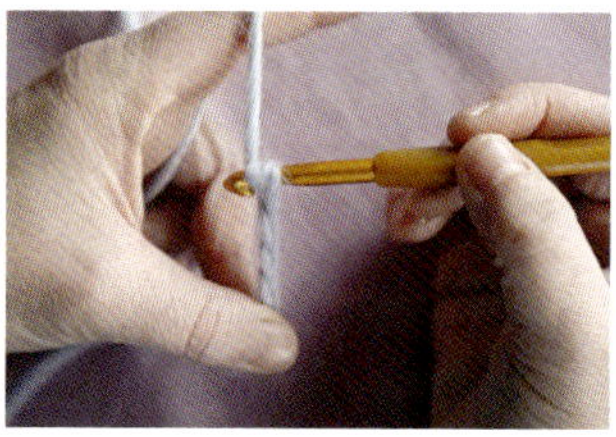
2.

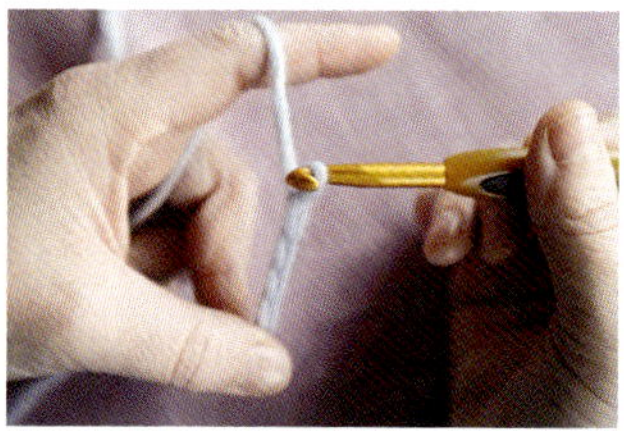
3.

Kettmasche (Km)

Stechen Sie mit der Häkelnadel in die angegebene Masche (1), schlagen Sie den Faden über die Häkelnadel (2). Ziehen Sie die Häkelnadel durch die Masche (3), dann durch die Masche, die sich auf der Nadel befindet (4).

1.

2.

3.

4.

Feste Masche (fM)

Stechen Sie mit der Häkelnadel in die angegebene Masche (1), schlagen Sie den Faden über die Häkelnadel (2). Ziehen Sie die Häkelnadel durch die Masche (3), dann den Faden über die Nadel schlagen (4). Legen Sie den Faden über die 2 Maschen, die auf der Häkelnadel sind (5) zum Abschluss (6).

1.

2.

3.

4.

5.

6.

Stäbchen (Stb)

Schlagen Sie den Faden darüber (1), stechen Sie in die angegebene Masche (2). Schlagen Sie den Faden darüber, ziehen Sie den Faden durch die Masche (4). Schlagen Sie den Faden darüber (5), ziehen Sie ihn durch die 2 Maschen (6). Schlagen Sie den Faden darüber (7), den Faden durch die beiden letzten Maschen ziehen (8).

1.

2.

3.

4.

5.

6.

7.

8.

POP'OUF (siehe S. 41)

Das Zählmuster für das Modell Pop'Ouf

 Magischer Ring

 Kettmasche (Km)

 Luftmasche (Lm)

 feste Masche (fM)

 2 feste Maschen in eine feste Masche

 Noppen am Anfang der Runde
(mit 1. Stäbchen = 3 Luftmaschen)

 Noppen auf 5 Stäbchen

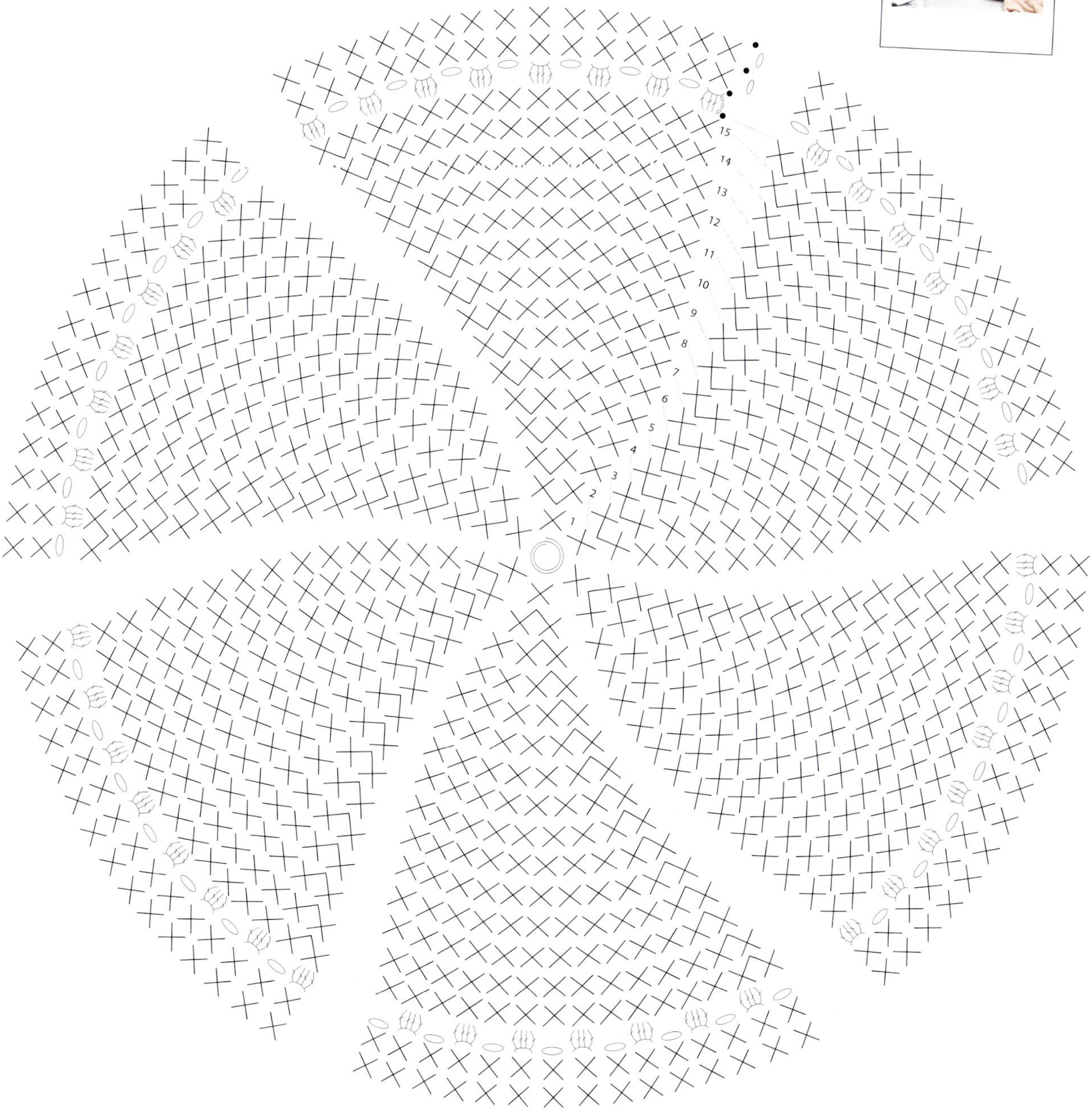
15
14
13
12
11
10
9
8
7
6
5
4
3
2
1

ALOHA (siehe S. 91)

Montageplan für die Grundstruktur.

Die Grundstruktur wird auf dem Boden durchgeführt (vergl. Schritt 4, S. 94). Um die Stellung der ersten 3 Bambusstöcke festzulegen, folgen Sie den Maßen der Montageanleitung: Nr. 1 auf Nr. 2, dann Nr. 3 über die 2 vorhergehenden, und fixieren Sie sie mit Klebeband.

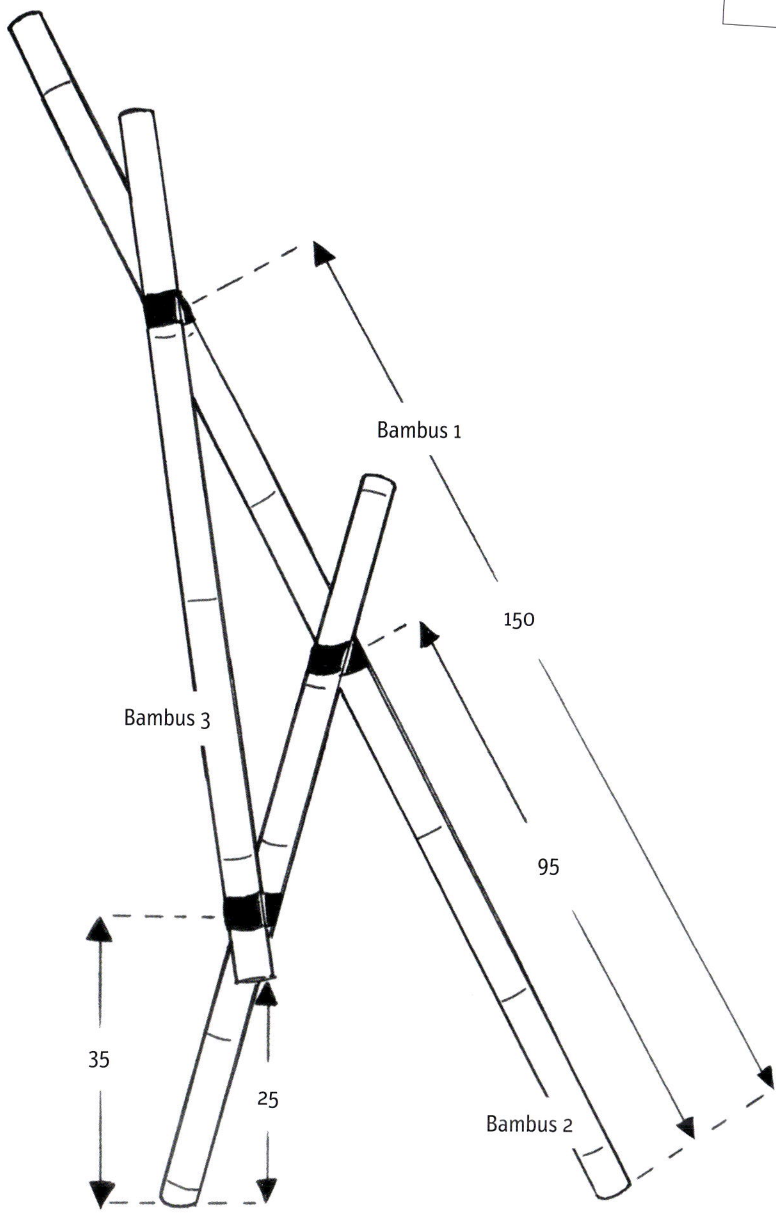
Bambus 1
150
95
Bambus 3
35
25
Bambus 2

HERVÉ BAZIN
VIPÈRE AU POING
nrf
360 fr.
G. SAND
LA MARE AU DIABLE
LA CHANSON DE ROLAND — extraits
MOLIÈRE
LA FONTAINE
FABLES CHOISIES II — Livres 7 à 12
LES FEMMES SAVANTES
MOLIÈRE
RACINE
ANDROMAQUE — tragédie
VICTOR HUGO
LES CONTEMPLATIONS — extraits
CORNEILLE
HORACE — tragédie

BEZUGSQUELLEN

Atelier du petit parc
(Styling S. 34 und 130)
19, allée baco – 44000 Nantes
Tel.: +33(0)6 89 29 17 17
contact@atelierdupetitparc.fr
atelierdupetitparc.fr

Atelier La Cabane
(Fotos S. 8)
42, rue Jean Yole – 85350 Île d'Yeu
contact@mariedelile.com
mariedelile.com

Bloomingville
(Vasen, Fotos S. 6 und 150)
bloomingville.com

Edmond, Annabel Gueret
Inneneinrichter
(Styling S. 40, 112 und 150)
annabel@edmond.tm.fr

Jérémy Boche – Gartengestalter
(Fertigung der Stühle *Rouletabille*, S. 59)
Nantes
Tel.: +33(0)6 12 13 20 16

Maillo
(Körbe aus Spitze, Foto S. 6,
Körbe aus Spitze, Foto S. 6)
17, rue du grand Logis – 44190 Clisson
Tel.: +33(0)2 28 21 39 15
veronique.damart@free.fr
mmaillo.blogspot.fr
maillo-design.com

DESIGNS

Balancelle
Frédéric Mazère
(kleine Bilder)
mazerefrederic@gmail.com
fredmazere.blogspot.fr

Janik Coat
(Bild Frau)
janikcoat@gmail.com
janikkinaj.free.fr

MUJI
(recycelte Tiere aus Papier)
www.muji.eu

Bambuswald
Nathalie Lété
(Tapete *Schwarzwald* von Domestic)
nathalie@nathalie-lete.com
nathalie-lete.com
Tel. : +33(0)1 49 60 84 76

Flechtwerk

Atelier du petit parc
(Paravent, Koffer und Steinzeugflasche Vintage)

Audrey Jeanne
(Postkarte)
ilovedrawing@orange.fr
audreyjeanne.fr

Happy to see you
(Stoffpuppe)
109, route du Château d'Olonne
85100 Les Sables d'Olonne
Tel.: +33(0) 2 51 32 67 50
happytoseeyou.fr

Molly Flowers
(Pompons aus Papier und Blumentasche)
contact@mollyflowers.fr
atelierdupetitparc.fr

Pájaro

Atelier du petit parc
(Korbstuhl Vintage)

Monsieur et Madame sont au salon
(Schwalben aus Porzellan)
Tel.: +33(0) 6 27 54 70 30
jcdlebagousse@sfr.fr
madameausalon.canalblog.com

Sophie Morille (Kissen)
sophiemorille@gmail.com
sophiemorille.blogspot.fr

Pensée pieuse (Vase)

La Cerise
(Reh)
16, passage d'Orléans – 44000 Nantes
Tel.: +33(0) 2 40 74 57 33
fbinvel@lacerise-nantes.com
lacerise-nantes.com

Delphine Vaute
(Bild)
delphvaute@hotmail.com
delphinegribouille.ultra-book.com
delphinevaute.hautetfort.com

Pop'Ouf

Wanted Paris
(an der Wand, Fotografie von Wendy Bevan)
23, rue du roi de Sicile – 75004 Paris
Tel.: +33(0) 1 44 54 02 55
contact@wantedparis.com
wantedparis.com

Weltevree
(Holzofen)
www.weltevreeshop.nl

Beistelltischchen

Bloomingville
(grüne Vase)
bloomingville.com

Caravane
(Daunebett)
6, rue Pavée – 75004 Paris
Tel.: +33(0) 1 44 61 04 20
caravane@caravane.fr
caravane.fr

Serendipity
(runde Kissen Mercer)
81-83, rue du Cherche-midi – 75006 Paris
Tel.: +33(0) 1 40 46 01 15
contact@serendipity.fr
serendipity.fr

Triade

Gabijo
(Vegetibles Geschirr)
19, rue de la Tannerie
97421 La Rivière Saint Louis
Tel.: +33(0) 2 62 45 42 03
www.gabijo.fr

Vasco

Edmond, Annabel Gueret Inneneinrichterin
(Hocker Trois Pattes)

Zephyr

Atelier du petit parc
(zwei bauchige Vasen)

Les Enfants du Brok
(Keramiktassen Makiko Hicher)
18 rue Gutenberg – 44100 Nantes
Tel.: +33(0) 2 49 44 78 32
contact@lesenfantsdubrok.com
lesenfantsdubrok.com

WEITERE DESIGNER ADRESSEN

Sand
Victor Castanera
castanerav@gmail.com
victorcastanera.com
Tel.: +34(0) 66 435 05 53

Rattan
Métalobil
ZA Champ Fleuri
15 rue des coquelicots
44840 Les Sorinières
Tel.: +33(0)2 40 69 56 03
clic@metalobil.fr
metalobil.fr

TETRARC
19 bis, rue La Noue Bras de Fer, 44200 NANTES
Tel.: +33(0) 2 40 89 46 26 agence@tetrarc.fr
tetrarc.fr

Stroh
Tetê Knecht
ttknecht@bluewin.ch
teteknecht.com

Kork
Antoine Phelouzat
208, rue Saint-Maur – 75010 Paris
Tel.: +33(0)6 87 80 02 49
antoine@ant-1.com
antoinephelouzat .com

Hugues Lawson-Body – Fotograf
hugueslawsonoffice@gmail.com
hugueslawsonbody.com

PARTNER

BDF – GLOBSTOR
(Bambus, Kokosschnur, Bast ...)
bdf-douineau.com/globstor.com

Déco-Nature
(Treibholz & Birkenstämme)
deco-nature.com

Falbala Luminaires
(Kabel, Glühbirnen, elektrisches Zubehör)
falbala-luminaires.com

Garnstudio DROPS Design
(Wolle DROPS Eskimo)
garnstudio.com

Les Toisons Bretonnes
(Schafwolle zum Ausstopfen)
lestoisonsbretonnes.fr

Naturellement Chanvre
(Gurt, Seil, Garn, Stoff ...)
naturellementchanvre.com
Ripolin
(Farbe)
ripolin.tm.frn

Ville de Nantes
(Holz: Stämme & Bretter)
Service des Espaces Verts et
de l'Environnement jardins.nantes.fr

WEBSEITEN

A Bird's Leap
Ein einfaches und hübsches Design: Bambusleiter.
www.abirdsleap.com/2013/02/diy-bamboo-ladder.html

Casa.com.br
Ein alter Reifen und ein Seil werden zu einem trendigen Pouf.
http://casa.abril.com.br/materia/pufe-ecologico-pneu- descartado-corda-sisal#9

Crafts with jars
In diesem Blog werden Ideen für Kräutergärten für den Innenbereich vorgestellt.
www.craftswithjars.com/2013/06/15-mason-jar-herb-gardens.html

Ernest est céleste
Wenn eine begnadete Designerin ihr Wissen weitergibt, können diese zarten Lampions aus Leinen entstehen.
http://ernestestceleste.canalblog.com/archives/2012/09/28/25201240.html

Esprit Cabane
Wie man aus einem Bambusteppich eine Lampe baut ... www.espritcabane.com/decoration/idees-deco/abat- jour-bambou/

Flax & Twine
Ein Hula Hoop, Wolle oder Stoff für einen gewebten Teppich. www.flaxandtwine.com/2012/02/woven-finger-knitting- hula-hoop-rug-diy.html

Madame Ki
Dieser Hocker ist unglaublich "100% Holz"!
www.madameki.fr/archives/2012/04/17/23986316.html

Made by Girl
Eine Schritt-für-Schritt Anleitung zur Herstellung einer hübschen Lampe aus Wolle.
http://madebygirl.blogspot.fr/2010/08/my-diy-moooi- pendant-light-in-progress.html

Organisation Mariage
Eine Anleitung zur Herstellung von Peddigrohrkugeln.
www.organisation-mariage.net/boule-de-rotin.htm

Patrick Nadeau
Ein Hoch der Pflanze. Einfach wunderbar!
www.patricknadeau.com

Sheterness
Eine Website mit Ideen wie dieser gehäkelte Lampenschirm.
www.shelterness.com/cozy-diy-crocheted-lampshade/

Sophie Pinard
Poetische Beleuchtung aus Holz ...
www.sophiepinard.com

Sweet French Toast
Alte Türen werden wiederverwendet.
www.sweetfrenchtoast.com/2012/03/05/how-to-diy- barn-door-headboard/

GLOSSAR

Abisolieren
Vorgang, der darin besteht, die Isolierung der Kabel mithilfe eines Werkzeugs wie Cutter, Messer oder einer Abisolierzange zu entfernen.

Abschrägung
Oberfläche oder Rand, in einem bestimmten Winkel gearbeitet oder gehobelt.

Ausschnitt
Ein Ausschnitt, der entlang zweier parallelen Linien gesägt wird, um das Einsetzen eines zweiten Bauteils zu ermöglichen.

Drahtstift
Langer, zylindrischer Nagel, mit kleinem Kopf; vor allem verwendet für das Zusammensetzen von Holzteilen.

Fassung
Vorrichtung, in die der Sockel der Glühbirne eingeschraubt wird und die Verbindung mit dem Stromkreis sicherstellt (zum Einschrauben oder Einstecken erhältlich).

Gehrungsschnitt
Zuschnitt im 45° Winkel.

Schrägschnitt oder falsche Gehrung
Jeder Gehrungsschnitt, der nicht im Winkel von 45° erfolgt.

Gewindestangen
Metallstangen, die über die gesamte Länge mit einem Gewinde versehen sind.

Kante
Eine Ecke, die durch zwei zusammentreffende Flächen gebildet wird.

MDF-Platte
MDF steht für mitteldichte Holzfaserplatte. Ihre Dichte liegt zwischen der von Schnittholz und Nassfaserplatten.

Montage
Das Zusammenfügen mehrerer Bauteile, die dauerhaft verbunden sind (geklebt ...) oder auch zerlegbar sein können (verschraubt, zusammengesteckt ...).

Sackbohrung
Loch, das nicht vollständig durch ein Werkstück geht (im umgekehrten Fall, handelt es sich um ein durchgebohrtes Loch).

Schablone
Vorlage in Originalgröße zur Herstellung eines Objekts.

Schraubzwinge
Werkzeug, mit dem man während des Zusammenbaus oder des Zusammenklebens zwei Teile provisorisch zusammenfügen kann.

Senken
Konisches Auffräsen einer Bohrung, die den Schraubenkopf aufnimmt.

Sockel
Teil der Glühbirne, der in die Fassung geschraubt wird und sie mit dem Stromkreis verbindet.

Stromkabel
Elektrokabel mit mehreren elektrischen Leitern, die in einer isolierenden Hülle zusammen genommen sind. Zum Beispiel: 2 x 0,75 mm2, 3 x 0,75 mm2.

Textilkabel
Kabel können mit unterschiedlichen Materialien überzogen sein: Viskose, Polyester, Baumwolle, Leinen, Hanf, Metall, Papier. Besonders attraktiv sind Kabel mit farbiger Textilummantelung.

Vorbohren
Vorbohrung des Holzes mit kleinem Durchmesser (Erleichtert das Eindrehen von Schrauben).

Zugentlastung
Bauteil zwischen Kabel und Lampenfassung. Aus Sicherheitsgründen muss Zug auf die elektrischen Verbindungen vermieden werden, selbst beim Aufhängen einer einfachen Fassung mit Glühbirne. Die Zugentlastung setzt am äußeren Mantel des Kabels an.

Zurrgurt
Spanngurt aus gewebtem Material, das hohe Kräfte aufnehmen kann. Er dient zum Befestigen und Festzurren von Gegenständen.

DANKSAGUNG

Dank an die Designer, die an diesem Buch mitgearbeitet haben, für ihren Rat und ihre ständige Verfügbarkeit. An alle, die zur Umsetzung dieses Projekts beigetragen haben, vom Landschaftsgärtner bis zu Jean-Luc.

Unseren Partnern für ihre Unterstützung: BDF-Globsotr, Déco-Nature, Falbala Luminaires, Garnstudio Drops Design, Les Toisons Bretonnes, Naturellement Chanvre, Ripolin und die Stadt Nantes. Und besonderen Dank an die Natur von Pénestin in der Bretagne.

IMPRESSUM

Herausgegeben von Éditions du Chêne, Hachette Livre, 2014

Originaltitel Design Nature

Übersetzung: Petra Bös, www.petraboes.eu

Fotos **©Jérôme Blin**
mit Ausnahme der folgenden Seiten
S. 8, ©Mariedelîle
S. 74–75, ©Rosa Álvarez de Arcaya/Victor Castanera
S. 110, ©Métalobil
S. 142–143, ©Andrés Otero
S. 172–173, ©Hugues Lawson-Body

Texte: **Aurélie Drouet**

Redaktion: Laurence Lehoux

Gestaltung: Gaëlle Chartier

Skizzen: **Jean-Marie Reymond**

Styling: **Annabel Gueret, atelier du petit parc und Aurélie Drouet**

Druck: Werbedruck GmbH Horst Schreckhase, Spangenberg

ISBN 978-3-7843-5420-0